MITTELSCHULE
Abschluss-Prüfungsaufgaben mit Lösungen **2006**

Chemie
Realschulabschluss
Sachsen
1993–2005

STARK

ISBN: 3-89449-454-9

© 1999 by Stark Verlagsgesellschaft mbH & Co. KG
D-85318 Freising · Postfach 1852 · Tel. (0 81 61) 1790
7. ergänzte Auflage 2005
Nachdruck verboten!

Inhalt

Vorwort
Stichwortverzeichnis
Anhang 1

Abschlussprüfung 1993

Pflichtaufgabe 1: Metallchloride und Metalle 93-1
Wahlaufgabe A: Saure, basische und neutrale Lösungen 93-4
Wahlaufgabe B: Kohlenwasserstoffe 93-7
Wahlaufgabe C: Chemische Reaktionen und
chemisch-technische Verfahren 93-10

Abschlussprüfung 1994

Pflichtaufgabe 1: Stoffe – chemische Reaktionen 94-1
Wahlaufgabe A: Organische Verbindungen 94-4
Wahlaufgabe B: Kohlenstoff und seine Verbindungen 94-7
Wahlaufgabe C: Salzartige Stoffe und Säuren 94-10

Abschlussprüfung 1995

Pflichtaufgabe 1: Stoffe – Teilchen – chemische Reaktionen 95-1
Wahlaufgabe 2: Metalle 95-4
Wahlaufgabe 3: Luft – ein wichtiges Stoffgemisch 95-7
Wahlaufgabe 4: Kohlenwasserstoffe 95-10

Abschlussprüfung 1996

Pflichtaufgabe 1: Stoffe – Teilchen – chemische Reaktionen 96-1
Wahlaufgabe 2: Wasser 96-4
Wahlaufgabe 3: Oxide 96-7
Wahlaufgabe 4: Organische Verbindungen 96-10

Abschlussprüfung 1997

Pflichtaufgabe 1: Stoffe – Teilchen – chemische Reaktionen 97-1
Wahlaufgabe 2: Metalle und Metallverbindungen 97-4
Wahlaufgabe 3: Stoffe als Energieträger 97-7
Wahlaufgabe 4: Säuren 97-10

Abschlussprüfung 1998

Pflichtaufgabe 1: Stoffe – Teilchen – chemische Reaktionen 98-1
Wahlaufgabe 2: Chemische Reaktionen – Technik – Umwelt 98-4
Wahlaufgabe 3: Gase – Gasgemische 98-7
Wahlaufgabe 4: Chemie im Alltag 98-10

Fortsetzung nächste Seite

Abschlussprüfung 1999

Pflichtaufgabe 1: Stoffe – Teilchen – chemische Reaktionen 99-1
Wahlaufgabe 2: Calciumcarbonat 99-4
Wahlaufgabe 3: Kohlenwasserstoffe 99-7
Wahlaufgabe 4: Metalle und Metalloxide 99-10

Abschlussprüfung 2000

Pflichtaufgabe 1: Stoffe – Teilchen – chemische Reaktionen 2000-1
Wahlaufgabe 2: Luft – ein Stoffgemisch 2000-5
Wahlaufgabe 3: Organische Stoffe 2000-9
Wahlaufgabe 4: Salzartige Stoffe 2000-13

Abschlussprüfung 2001

Pflichtaufgabe 1: Stoffe – Teilchen – chemische Reaktionen 2001-1
Wahlaufgabe 2: Metalle – Metalloxide 2001-5
Wahlaufgabe 3: Ethansäure (Essigsäure) 2001-9
Wahlaufgabe 4: Baustoffe und Werkstoffe 2001-13

Abschlussprüfung 2002

Pflichtaufgabe 1: Stoffe – Teilchen – chemische Reaktionen 2002-1
Wahlaufgabe 2: Kohlenstoff und seine Verbindungen 2002-5
Wahlaufgabe 3: Chemische Produkte im Alltag 2002-9
Wahlaufgabe 4: Chlorverbindungen 2002-13

Abschlussprüfung 2003

Pflichtaufgabe 1: Stoffe – Teilchen – chemische Reaktionen 2003-1
Wahlaufgabe 2: Lösungen 2003-4
Wahlaufgabe 3: Nährstoffe – Kraftstoffe – Kunststoffe 2003-7
Wahlaufgabe 4: Salze 2003-10

Abschlussprüfung 2004

Pflichtaufgabe 1: Stoffe – Teilchen – chemische Reaktionen 2004-1
Wahlaufgabe 2: Wässrige Lösungen 2004-3
Wahlaufgabe 3: Sauerstoff – Wasserstoff – Kohlenstoffdioxid 2004-5
Wahlaufgabe 4: Energieträger 2004-9

Abschlussprüfung 2005

Pflichtaufgabe 1: Stoffe – Teilchen – chemische Reaktionen 2005-1
Wahlaufgabe 2: Lösungen 2005-3
Wahlaufgabe 3: Organische Verbindungen 2005-5
Wahlaufgabe 4: Chemische Reaktionen mit Sauerstoff 2005-9

Jeweils im Herbst erscheinen die neuen Ausgaben der Abschlussprüfungsaufgaben mit Lösungen.

Autor:

Frank Kaden, Oelsnitz

Vorwort

Liebe Schülerinnen und Schüler,

das vorliegende Buch richtet sich an Schülerinnen und Schüler der 10. Klasse, die sich gezielt auf die Realschulabschlussprüfung vorbereiten und außerhalb des Unterrichts üben, wiederholen und Lücken schließen möchten.
Anhand der Aufgabenstellungen der Abschlussprüfungen der letzten Jahre soll Ihnen ein Eindruck über die Anforderungen der Abschlussprüfungen vermittelt werden. Die schriftliche Abschlussprüfung für den Realschulabschluss in Sachsen besteht aus zwei Teilen, für die die Gesamtbearbeitungszeit 150 Minuten beträgt.

In den Jahren **1993** und **1994** gab es eine Pflichtaufgabe und drei Wahlaufgaben A, B und C. Das Thema für die Pflichtaufgabe ist nicht festgelegt. Sie müssen die Pflichtaufgabe und eine Wahlaufgabe lösen.
Für den Pflichtteil und den bearbeiteten Wahlteil gibt es jeweils 24 Bewertungseinheiten – es sind also insgesamt 48 Bewertungseinheiten erreichbar.

Seit 1995 gibt es eine Pflichtaufgabe und drei Wahlaufgaben, die Aufgaben sind von 1 bis 4 durchnummeriert. Das Thema der Pflichtaufgabe steht fest: Es wird das Themengebiet „Stoffe – Teilchen – chemische Reaktionen" behandelt. Sie müssen die Pflichtaufgabe und eine Wahlaufgabe lösen.
Für den Pflichtteil und den bearbeiteten Wahlteil gibt es jeweils 25 Bewertungseinheiten – es sind also insgesamt 50 Bewertungseinheiten erreichbar. Die erreichbaren Bewertungseinheiten sind erstmals im Realschulabschluss 2001 unter jeder Prüfungsaufgabe angegeben.

Bewertungstabelle

Anzahl der erreichten BE	Prozentualer Anteil	Note
50 bis 47 BE	100 bis 93 %	1 (sehr gut)
46 bis 38 BE	92 bis 76 %	2 (gut)
37 bis 29 BE	75 bis 58 %	3 (befriedigend)
28 bis 19 BE	57 bis 38 %	4 (ausreichend)
18 bis 10 BE	37 bis 20 %	5 (mangelhaft)
9 bis 0 BE	19 bis 0 %	6 (ungenügend)

Als Hilfsmittel dürfen Sie ein Wörterbuch der deutschen Rechtschreibung, das Periodensystem der Elemente, die Tabellen- und Formelsammlung ohne ausführliche Musterbeispiele und ohne Wissensspeicheranhang sowie einen nicht programmierbaren Taschenrechner verwenden.
Zu allen Aufgaben sind vollständige und ausführliche Lösungen abgedruckt. Die Lösungen sind schülergerecht aufbereitet, teilweise sind mehrere Lösungsmöglichkeiten angegeben.

Wir wünschen Ihnen viel Freude bei der Arbeit mit diesem Buch und Erfolg bei der Abschlussprüfung!

Stichwortverzeichnis

Pflichtaufgaben

Achterschale 99-3
Atombau 94-2, 95-2, 96-2, 97-2, 98-2 f., 99-3, 02-3, 03-2, 04-2, 05-2
Atombindung 96-2, 97-2, 03-3
Außenelektron 98-2
Außenschale 98-3

Brennspiritus 95-3
Barium-Ion 02-3
Bariumoxid 02-3

Calcium-Ion 00-3
Chlorwasserstoff 99-2

Diamant 97-2 f.

elektrische Leitfähigkeit 01-2
Elektronenübergang 93-2
Energiebereitstellung 96-3
Energieumwandlung 01-3
Essigsäure 99-2
Ethanol 95-3, 98-2
Ethen 03-2

Graphit 97-2 f.

Hauptgruppennummer 95-2, 96-2, 97-2, 98-2, 99-3, 00-3
Hydroxid-Ionen 94-2, 95-3

Ion 93-2, 95-3, 96-2, 98-2, 99-3
Ionensubstanz 98-2

Kalium 01-2
Kaliumhydroxid 95-3
Kalkdünger 05-2
Kesselstein 97-2

Löschen von Bränden 04-2

Magnesium 94-2, 99-2 f.
Magnesiumchlorid 93-3, 96-2, 99-2

Merkmale chemischer Reaktionen 00-2, 02-3, 04-2
Metall 93-3, 94-2, 98-2, 00-3
Methan 03-2
Molekülsubstanz 98-2

Nachweis für Kohlenstoffdioxid 97-2, 02-3
Natriumatom 93-2
Natriumchlorid 93-2
Natrium-Ion 93-2
Neutralisation 95-3, 00-2
Niederschlag 98-3

Ordnungszahl s. Seitenangabe Hauptgruppennummer
Oxidationsmittel 93-3

Periodennummer s. Seitenangabe Hauptgruppennummer

Reaktionsmerkmale 93-2, 94-2, 98-3
Reaktionsgeschwindigkeit 94-4, 96-2, 99-3, 02-4
Redoxreaktion 97-3, 04-2
Reduktionsmittel 97-3

Schadstoffe 94-3, 00-3
Schadstoffentlastung 96-3, 00-3
Schwefel 95-2
Schwefeldioxid 95-2
Schwefelsäure 95-2
Schwermetalle 94-3
Stoffproduktion 96-3
Sulfat-Ion 02-3

unedles Metall 96-3
Universalindikator 94-2, 95-2, 96-2, 99-2, 00-2, 04-2
Unterscheiden von Stoffen 04-2

Wasserstoffperoxid 03-3

Wahlaufgaben

Abbinden des Kalkmörtels 98-12, 99-5
Abwasser/Kläranlage 03-6
Addition 95-11
Alkane 02-8
Alkanole 02-8
Alkansäuren 02-8
alkoholische Gärung 96-11, 97-9
Alkoholmissbrauch 96-11
Ammoniak 93-11
Arbeitsprinzipien 98-5, 99-5, 11
Arbeitsschutz 94-12, 97-11, 99-5
Atombindung 95-8, 98-9

Bariumcarbonat 95-11
Barytwasser 99-6, 8
basische Lösung 93-5
Benzin 97-9
Bodenreaktion 94-12
Brandlöschung 98-8
Braunkohle 94-9
Brennstoff 99-9
Bromwasser 93-8
Butan 93-8
Buten 93-8

Carbonate 94-8, 01-15
Carbonat-Ionen 99-6
Calciumoxid 93-5, 96-8, 97-6
Chlorid-Ionennachweis 94-11, 96-5, 97-6, 00-14, 02-15
Chlorwasserstoffsäure 93-5 f.

Destillation 95-11, 03-9
Diamant 94-8, 02-7
Doppelbindung 93-8
Duroplaste 01-16

Einfachbindung 93-8, 95-11, 98-9
Elastomere 01-16
Elektronenübergang 96-5
energetischer Verlauf chemischer Reaktionen 03-11
Energieträger 04-11
Entkalker 02-12
Erdgas 93-8, 97-8, 98-9
Erdöl 95-11, 99-8
Erdölfraktion 97-8, 99-9
Essiggärung 94-5
Essigsäure 94-5, 99-6, 01-11, 04-4
Ester 98-11, 01-12
Ethanol 94-5, 96-11, 97-9, 02-11, 03-8
Ethen 93-9, 95-10
Ethin 04-11
exotherme Reaktion 93-11, 95-6, 98-12

Fällungsreaktion 98-8
FCKW 93-8, 02-16
Feuer 05-10
funktionelle Gruppe 01-11
Gewinnung von Salzen aus Sole 04-4
Glucose 96-10, 00-10
Glucosenachweis 03-8
Graphit 94-8, 02-7

Hauptenergieträger 97-9
Hochofenprozess 95-5, 99-12, 01-8
Hydroxid-Ionen 93-5, 98-11, 99-11

Ionenbindung 00-15

Kalkdüngemittel 99-6
Kalkkreislauf 99-4 f.
Kalklöschen 98-12, 01-15
Kalkseife 96-6
Kalkwasser 95-9, 96-8, 99-8
Katalysator 93-11, 98-5
Kesselstein 99-6
Knallgasprobe 98-9
Kohlenstoff 94-8 f.
Kohlenstoffdioxid 95-9, 96-8, 98-8, 04-7
Kohlenstoffmonooxid 95-5, 96-8, 98-5, 99-12
Kohlenstoffoxide 94-8
Kohlenwasserstoff 93-8, 99-8
Koks 94-9
Konzentration 93-11
Korrosion 93-12, 95-6
Korrosionsschutz 93-12, 95-6, 97-5, 99-12
Kreislaufprinzip 93-11
Kunststoffe 94-5 f., 95-11, 98-6, 12, 01-16
Kupfer 95-5

Lösen von Stoffen in Wasser 03-5
Luft 95-8
Luftschadstoffe 95-8, 00-7

Makromoleküle 93-9, 01-16
Mehrfachbindung 93-8, 96-11, 00-11
Metallbindung 95-6, 99-11
Metalle 95-6, 97-5, 99-11, 01-7
Metallhydroxid 99-11
Methan 93-8, 95-11, 97-8, 99-8
Methanol 93-11
Mineraldünger 94-12

Nährstoff 96-11, 00-10, 03-8
Natriumchlorid 94-11, 97-6, 02-15, 03-12
Natronlauge 93-5
Neutralisation 93-5, 94-12, 97-11, 02-12, 04-4
Niederschlag 04-4

Octan 03-8
Oxidation 01-7
Oxonium-Ionen 93-5, 98-11
pH-Wert 98-11, 99-11, 04-4
Polyethylen 93-9, 95-11, 98-12, 99-9
Polymerisation 95-11

Reaktion mit Protonenübergang 93-5, 97-11
Reaktionsgeschwindigkeit 93-11
Recycling 02-11, 03-9
Redoxreaktion 96-5, 01-7, 02-8
Reduktionsmittel 96-8, 99-12, 02-8
Roheisen 99-10
Rosten 05-10
Rostschutzmaßnahmen s. Korrosion

Salzlösungen 00-15
Salzsäure 93-6, 95-6, 97-6, 02-16
Sauerstoff 95-8, 98-8, 00-6 f., 04-7
saure Lösung 93-5, 94-5, 97-6, 98-5
saurer Regen 93-6, 97-12
Schwefeldioxid 96-8
Schwefeltrioxid 93-11
Schwefelsäure 93-6, 97-11 f., 98-5
Siedetemperatur 95-11, 97-8
Spanprobe 00-6

Stadtgas 97-8
Stahl 99-12
Stärke 00-10
Stickstoff 95-8
Stoffklassen 03-5
Stromleitfähigkeit 05-4
Strukturformel 94-5, 95-11
Strukturmerkmale 00-11
Sulfate 94-11
Sulfat-Ionennachweis 94-11, 98-5 f., 00-14

Thermoplaste 01-16, 02-16
Treibhauseffekt 96-8, 97-8, 99-9, 02-7
Trinkwasser 03-6

Umgang mit Säuren 93-6
ungesättigt 93-8, 95-11
Unitestindikator 93-5, 94-5, 96-8, 97-6, 11, 98-5, 11, 99-6, 03-5, 04-4

Veresterung 02-12
Vergaserkraftstoff 93-8
vollständige Verbrennung 04-11

Waldsterben 97-12
Wasserhärte 96-6, 99-6
Wasserstein (siehe Kesselstein)
Wasserstoff 04-7
Wasserstoff-Ion 93-5, 98-11

Anhang

Chemisches Rechnen (Stöchiometrie)

Stöchiometrisches Verhältnis	Größengleichung	Benennung der Größen
Masse/Masse	$\dfrac{m_1}{m_2} = \dfrac{n_1 \cdot M_1}{n_2 \cdot M_2}$	m_1: Masse gesuchter Stoff in g m_2: Masse gegebener Stoff in g (Textaufgabe entnehmen) n_1 und n_2: Stoffmenge der Stoffe 1 und 2 in mol (gegebener Reaktionsgleichung entnehmen) M_1 und M_2: molare Massen der Stoffe 1 und 2 in $g \cdot mol^{-1}$ (Tafelwerk entnehmen)
Masse/Volumen	$\dfrac{m_1}{V_2} = \dfrac{n_1 \cdot M_1}{n_2 \cdot V_m}$	m_1: Masse gesuchter Stoff in g V_2: Volumen gegebener Stoff in Liter (Textaufgabe entnehmen) n_1 und n_2: Stoffmengen der Stoffe 1 und 2 in mol (gegebener Reaktionsgleichung entnehmen) M_1: molare Masse von Stoff 1 in $g \cdot mol^{-1}$ (Tafelwerk entnehmen) V_m: molares Volumen eines Gases unter Normbedingungen, beträgt für alle Gase: $V_m = 22{,}4 L \cdot mol^{-1}$
Volumen/Masse	$\dfrac{V_1}{m_2} = \dfrac{n_1 \cdot V_m}{n_2 \cdot M_2}$	V_1: Volumen gesuchter Stoff in Liter m_2: Masse gegebener Stoff in g (Textaufgabe entnehmen) n_1 und n_2: Stoffmengen der Stoffe 1 und 2 in mol (gegebener Reaktionsgleichung entnehmen) M_2: molare Masse von Stoff 2 in $g \cdot mol^{-1}$ (Tafelwerk entnehmen) $V_m = 22{,}4 L \cdot mol^{-1}$

Um Verwechslungen möglichst auszuschalten, sollte man bei der gesuchten und gegebenen Größe im Ansatz hinter dem Index 1 und 2 in Klammern das Formelzeichen angeben, z. B. m_1 (Fe_2O_3).

Tafelwerk $\triangleq$ Tabellen- und Formelsammlung

Demonstrations- und Schülerexperimente der Jahrgangsaufgaben

Jahr	Aufgabe	Inhalt	Lösung (Seite)
1993	Pflicht (DE)	– Prüfen von festem NaCl und NaCl-Lösung auf elektrische Leitfähigkeit	93-2
	Wahl A (SE)	– Reaktion von Calciumoxid mit H_2O	93-5
	Wahl B (SE)	– Prüfen von Vergaserkraftstoff auf ungesättigte Kohlenwasserstoffe	93-8
	Wahl C (SE)	– Reaktion von Zink mit Salzsäure, Untersuchen der Reaktionsgeschwindigkeit in Abhängigkeit von c	93-11
1994	Pflicht (DE)	– Verbrennung von Magnesium und Prüfen des Reaktionsproduktes mit Unitestlösung	94-2
	Wahl A (SE)	– Identifizierung drei verschiedener Lösungen: C_2H_5OH, NaOH und CH_3COOH	94-5
	Wahl B (SE)	– Überprüfen einer Bodenprobe auf Carbonat	94-8
	Wahl C (SE)	– Nachweis von Chlorid und Sulfat	94-11
1995	Pflicht 1 (DE)	– Verbrennung von Schwefel; Reaktion des Verbrennungsproduktes mit Wasser, welches Unitestlösung enthält	95-2
	Wahl 2 (SE)	– Prüfen des Verhaltens von Magnesium gegenüber Salzsäure (Chlorwasserstoffsäure)	95-6
	Wahl 3 (SE)	– Nachweis von Kohlenstoffdioxid in der Ausatemluft	95-9
	Wahl 4 (SE)	– Verbrennen eines flüssigen Kohlenwasserstoffs in einem Gefäß mit einigen Tropfen Bariumhydroxidlösung darin	95-11
1996	Pflicht 2 (DE)	– Überprüfen von drei Proben der gleichen Lösung auf elektrische Leitfähigkeit, mit Unitest- und Bariumchloridlösung	96-2
	Wahl 2 (SE)	– Untersuchen der Löslichkeit von Natriumchlorid, Calciumsulfat, Benzin und Ethanol (Alkohol)	96-5
	Wahl 3 (SE)	– Überprüfen der Vermutung, dass Calciumoxid mit Wasser eine basische Lösung bildet	96-8
	Wahl 4 (SE)	– Prüfen von Speiseöl auf das Vorhandensein von Mehrfachbindungen	96-11
1997	Pflicht 1 (DE)	– Salzsäure tropft im Gasentwickler auf $CaCO_3$-Stückchen.	97-2
	Wahl 2 (SE)	– Identifizieren dreier Flüssigkeiten: NaCl-Lösung, Salzsäure und Wasser	97-6
	Wahl 3 (SE)	– Unterscheiden von Ethanol und Benzin	97-9
	Wahl 4 (SE)	– Reaktion von Ethansäure mit Natriumhydroxidlösung	97-11
1998	Pflicht 1 (DE)	– NaCl-Lösung, Ethanol und Aluminium werden auf elektrische Leitfähigkeit geprüft	98-2
	Wahl 2 (SE)	– Identifizierung von Schwefelsäure	98-5
	Wahl 3 (SE)	– Nachweis von CO_2 in der Ausatemluft	98-8
	Wahl 4 (SE)	– der pH-Wert von Haushaltschemikalien wird geprüft	98-11

Jahr	Aufgabe	Inhalt	Lösung (Seite)
1999	Pflicht 1 (DE)	– Untersuchen zweier farbloser Lösungen mit Universalindikator und einem Magnesiumspan	99-2
	Wahl 2 (SE)	– Überprüfen eines Kalkdüngers	99-6
	Wahl 3 (SE)	– Nachweis von Kohlenstoffdioxid als Verbrennungsprodukt eines Kohlenwasserstoffs	99-8
	Wahl 4 (SE)	– Identifizierung von MgO und $MgCO_3$ mithilfe von Wasser und Unitestlösung	99-11
2000	Pflicht 1 (DE)	– Demonstration einer Neutralisation	2000-2
	Wahl 2 (SE)	– Darstellung und Nachweis von Sauerstoff	2000-6
	Wahl 3 (SE)	– Unterscheidung von Glucose und Stärke	2000-10
	Wahl 4 (SE)	– Identifizierung eines Sulfats	2000-14
2001	Pflicht 1 (DE)	– Untersuchung zweier farbloser Flüssigkeiten auf elektrische Leitfähigkeit und mit Universalindikator	2001-2
	Wahl 2 (SE)	– Verbrennung eines Magnesiumspans unter Beachtung der Arbeitsschutzbestimmungen	2001-7
	Wahl 3 (SE)	– Untersuchung der chemischen Reaktion von Ethansäure und Salzsäure (Chlorwasserstoffsäure) mit Magnesium	2001-11
	Wahl 4 (SE)	– Testen der Stoffproben A und B auf Calciumcarbonat	2001-15
2002	Pflicht 1 (DE)	– Stoff- und Teilchennachweise: Kohlenstoffdioxid und Sulfat-Ionen	2002-3
	Wahl 2 (SE)	– Reduktion von Kupfer(II)-oxid mit Kohlenstoff	2002-7
	Wahl 3 (SE)	– Unterscheidung von Ethanol und Natriumhydroxid-Lösung	2002-11
	Wahl 4 (SE)	– Nachweis von Chlorid-Ionen	2002-15
2003	Pflicht 1 (DE)	– Schütteln eines farblosen Gases mit Wasser – Zugabe von Universalindikator	2003-2
	Wahl 2 (SE)	– Untersuchung der Löslichkeit dreier Stoffe – Versetzen der Lösungen mit Universalindikator	2003-5
	Wahl 3 (SE)	– Nachweis von Glucose in Zwiebelstücken	2003-8
	Wahl 4 (SE)	– Untersuchung des energetischen Verlaufs chemischer Reaktionen	2003-11
2004	Pflicht 1 (DE)	– Nachweis des basischen Charakters von Magnesiumoxid	2004-2
	Wahl 2 (SE)	– Nachweis wässriger Lösungen mit Universalindikator	2004-4
	Wahl 3 (SE)	– Einwirkung von Salzsäure auf Calciumcarbonat und Magnesium	2004-7
	Wahl 4 (SE)	– Unterscheidung von Ethanol und Benzin	2004-11

Jahr	Aufgabe	Inhalt	Lösung (Seite)
2005	Pflicht 1 (DE)	– Untersuchen einer farblosen Lösung	2005-2
	Wahl 2 (SE)	– Untersuchen einer unbekannten Lösung mit vorgegebenen Chemikalien	2005-4
	Wahl 3 (SE)	– Identifizieren von Wasser, Traubenzucker und Citronensäure	2005-7
	Wahl 4 (SE)	– Darstellung und Nachweis von Sauerstoff	2005-10

DE: Demonstrationsexperiment des Lehrers in der Pflichtaufgabe
SE: Schülerexperiment in der entsprechenden Wahlaufgabe

Realschulabschluss 1993 Chemie (Sachsen)
Pflichtaufgabe 1: Metallchloride und Metalle

BE

1 Vom Lehrer werden auf elektrische Leitfähigkeit geprüft
   a) festes Natriumchlorid,
   b) eine Natriumchloridlösung.
   - Notieren Sie Ihre Beobachtungen!
   - Werten Sie die Experimente mit Ihren Kenntnissen über Teilchen und chemische Bindungen aus!   4

2 Natrium reagiert mit Chlor zu Natriumchlorid unter heller Lichterscheinung.

   $2\ Na + Cl_2 \longrightarrow 2\ NaCl$

   - Erläutern Sie an diesem Beispiel ein Merkmal der chemischen Reaktion!
   - Nennen Sie ein weiteres Merkmal!   3

3 - Nennen Sie ein natürliches Vorkommen von Natriumchlorid und eine Möglichkeit seiner Gewinnung!
   - Geben Sie zwei verschiedene Verwendungen dieses Stoffes an!   4

4 Magnesiumchlorid gehört auch zu den Metallchloriden. Seine Verwendung zum Eisfreihalten von Straßen wird stark eingeschränkt.
   - Begründen Sie diese Maßnahme mit zwei Aussagen!   2

5 - Vergleichen Sie ein Natrium-Atom mit einem Natrium-Ion!
   - Gehen Sie dabei von einer Gemeinsamkeit und drei Unterschieden aus!   4

6 Natrium und Magnesium sind Metalle.
   - Geben Sie für zwei weitere Metalle je eine Verwendung an!
   - Begründen Sie diese Verwendung mit Eigenschaften des Metalls!   4

7 Magnesiumbrände sind nicht mit Wasser löschbar. Beide Stoffe reagieren miteinander.
   - Entwickeln Sie für diese chemische Reaktion die Reaktionsgleichung!
   - Geben Sie die Funktion des Wassers bei dieser chemischen Reaktion an! $\underline{3}$
      24

Lösungen

1.1 Demonstrationsexeperiment – Prüfen der elektrischen Leitfähigkeit
   a) von festem Natriumchlorid
   b) von einer Natriumchloridlösung

   Beobachtungen:
   a) kein Aufleuchten der Birne
   b) Aufleuchten der Birne

   Auswertung des Experiments:
   a) Festes Natriumchlorid leitet keinen Strom. Die Natriumionen und die Chloridionen im Ionenkristall sind unbeweglich, weil die Ionenbeziehung in alle Richtungen wirkt.
   b) Die Lösung dagegen leitet den Strom. Die Wassermoleküle zerstören die Ionenbeziehung und heben die Anziehungskräfte der Ionen untereinander auf. Die Ionen als Ladungsträger werden beweglich.

2 Ein Merkmal von chemischen Reaktionen ist die Veränderung von Teilchen bei gleichzeitiger Veränderung chemischer Bindungen; dieses Merkmal ist nicht beobachtbar.

   Bei der Reaktion von Natrium mit Chlor sieht das folgendermaßen aus:

Reaktionsgleichung	2 Na + Cl_2	$\longrightarrow$	2 NaCl
kleinstmöglicher Teilchenumsatz	2 Atome + 1 Molekül	$\longrightarrow$	2 Baueinheiten
Bindungen vor/nach der Reaktion	Metallbindung	Atombindung	Ionenbeziehung

   Ausgehend vom kleinstmöglichen Teilchenumsatz geben die zwei Natriumatome ihr Außenelektron in der dritten Schale ab. Beide Chloratome im Chlormolekül nehmen unter der Voraussetzung, dass die Atombindung vorher gespalten wurde, je ein Elektron in ihrer dritten Schale auf. Es findet also eine Reaktion mit Elektronenaustausch bzw. Elektronenübergang statt. Im Endergebnis dieser Reaktion sind aus den Elementatomen die entsprechenden Elementionen entstanden.

   Ein weiteres Merkmal chemischer Reaktionen ist die Stoff- und Energieumwandlung (beobachtbar).

3 **natürliches Vorkommen von Natriumchlorid:**
   z. B. Meerwasser

   Möglichkeit der Gewinnung:
   Anlegen von „Salzgärten"

   Verwendungsmöglichkeiten:
   Speisewürze, Konservierungsmittel, Herstellung von Chlor

4   Die Verwendung von Magnesiumchlorid zum Eisfreihalten der Straßen im Winter sollte aus folgenden Gründen eingeschränkt werden:
    – Magnesiumchlorid fördert die Korrosion von Metallen – mehr Rost am Auto!
    – Abfließendes Salzwasser belastet die Bäche, Flüsse und schließlich auch das Grundwasser. Lebewesen nehmen Schaden; z. B. Bäume am Straßenrand oder Fische in Gewässern.

5   **Vergleich von Natriumatom und Natriumion:**
    – Gemeinsamkeit:
    Beide Teilchen haben 11 Protonen im Kern.
    – Unterschiede:

Unterschiede	Atom	Ion
Gesamtzahl der Elektronen	11	10
Anzahl besetzter Schalen	3	2
Ladung des Teilchens	elektrisch neutral	einfach positiv elektrisch geladen

6   **weitere Metalle und Ihre Verwendungsmöglichkeiten:**
    – Silber wird zur Herstellung von Schmuck verwendet, weil es glänzt.
    – Zink wird in Batterien eingesetzt, weil es stromleitfähig ist.

7   Magnesiumbrände sind nicht mit Wasser löschbar. Beide Stoffe reagieren miteinander.
    Reaktionsgleichung:
    $Mg + H_2O \longrightarrow MgO + H_2$

    Wasser ist bei dieser Reaktion Oxidationsmittel.

Realschulabschluss 1993 Chemie (Sachsen)
Wahlaufgabe A: Saure, basische und neutrale Lösungen

BE

1 Die Stoffe mit den Formeln HCl und NaOH lösen sich gut in Wasser.
– Benennen Sie die wässrigen Lösungen!
Die Lösungen enthalten frei bewegliche Ionen.
– Geben Sie Namen und Formelzeichen der Ionen in der wässrigen Lösung eines dieser Stoffe an!
– Ordnen Sie beide Lösungen den sauren oder basischen Lösungen zu!
– Begründen Sie eine Ihrer Zuordnungen mithilfe Ihrer Kenntnisse über die Teilchen! 5

2 – Stellen Sie mithilfe Ihrer Kenntnisse über das Periodensystem der Elemente eine Vermutung darüber auf, ob Calciumoxid bei der Reaktion mit Wasser eine saure oder basische Lösung bildet!
– Fordern Sie das für die experimentelle Überprüfung benötigte Nachweismittel schriftlich an!
– Führen Sie den Nachweis durch! Notieren Sie Ihre Beobachtung!
– Werten Sie das Experiment aus! Vergleichen Sie das Ergebnis mit Ihrer Vermutung!
– Entwickeln Sie die Reaktionsgleichung für die Reaktion von Calciumoxid mit Wasser! 8

3 – Welche chemische Reaktion wird durch folgende Gleichung wiedergegeben?

$$H_3O^+ + OH^- \longrightarrow 2\,H_2O \quad \text{oder} \quad H^+ + OH^- \longrightarrow H_2O$$

– Interpretieren Sie die angegebene Gleichung teilchenmäßig!
– Nennen Sie zwei Anwendungsbeispiele dieser Reaktion in der Praxis! 5

4 Säuren sind wichtige chemische Verbindungen.
– Geben Sie von zwei Säuren je zwei Verwendungsmöglichkeiten an!
Viele Säuren sind ätzende und giftige Stoffe.
– Leiten Sie aus diesen Eigenschaften zwei Maßnahmen für den Umgang mit Säuren ab!
– Beschreiben Sie, wie Salzsäure und Schwefelsäure experimentell unterschieden werden können! 6
$\overline{24}$

Lösungen

1 **Benennen der wässrigen Lösungen:**
HCl ist Salzsäure oder Chlorwasserstoffsäure.
NaOH heißt Natriumhydroxidlösung oder Natronlauge.

Namen und Formelzeichen der Ionen:

	Salzsäure	Natronlauge
Namen der Ionen	Wasserstoffionen und Chloridionen	Natriumionen und Hydroxidionen
Formelzeichen	H^+/H_3O^+ und Cl^-	Na^+ und OH^-

Salzsäure ist eine saure Lösung, weil sie Wasserstoffionen enthält. Natronlauge ist eine basische/alkalische Lösung, denn sie enthält Hydroxidionen.

2 Die blaue Farbe in einem Kästchen des PSE gibt an, dass das Oxid des betreffenden Elements mit Wasser eine basische Lösung bildet. Dieser chemische Sachverhalt liegt an diesem Beispiel vor.

Vermutung:
Calciumoxid müsste mit Wasser eine basische Lösung bilden.

Nachweismittel:
Unitestlösung /-papier als Indikator

Durchführung des Experiments:
Man stellt z. B. in einem Reagenzglas eine Calciumoxidaufschlämmung her und lässt das ungelöste Calciumoxid absetzen. Die darüber befindliche Lösung wird mit ein paar Tropfen Unitestlösung versetzt.

Beobachtung:
Blaufärbung des Indikators

Auswertung:
Es entsteht eine basische Lösung. Die Vermutung wurde bestätigt. Gebildete Hydroxidionen färben den Indikator blau. Die entstandene Lösung heißt Kalkwasser oder Calciumhydroxidlösung.

Reaktionsgleichung:

$$CaO + H_2O \longrightarrow Ca^{2+} + 2\ OH^-$$

3 Bei der angegebenen Gleichung handelt es sich um eine Neutralisation oder Reaktion mit Protonenübergang.

Teilchenmäßige Interpretation der angegebenen Gleichung:

$$H_3O^+ \quad + \quad OH^- \quad \longrightarrow \quad 2\ H_2O$$
ein Oxoniumion + ein Hydroxidion ⟶ zwei Moleküle Wasser

oder:

$$H^+ \quad + \quad OH^- \quad \longrightarrow \quad H_2O$$
ein Wasserstoffion + ein Hydroxidion ⟶ ein Wassermolekül

Anwendungsbeispiele dieser Reaktion:
- Begegnen der Bodenversauerung in Wäldern durch Einbringen von Kalkdünger in den Waldboden.
- Beseitigung des Sodbrennens beim Menschen mittels Magnesiumhydroxid als Neutralisationsmittel.

4 **Beispiele für Säuren und ihre Verwendung:**
- Citronensäure als Bestandteil von Back- und Brausepulvern
- Salpetersäure zur Herstellung von Explosivstoffen und Stickstoffdüngemitteln.

Maßnahmen für den Umgang mit Säuren:
- Aufbewahrungsgefäße sind vorschriftsmäßig zu kennzeichnen. Sie dürfen nicht über Augenhöhe aufbewahrt werden.
- Es ist verboten, für die Aufbewahrung von Säurelösungen (z. B. HCl) Gefäße für Nahrungs- und Genussmittel einzusetzen.
- *„Wasser in die Säure ist das Ungeheure!"*
Beim Verdünnen einer konzentrierten Säure besteht infolge starker Erwärmung die Gefahr, dass Säure verspritzen oder das Glasgefäß zerspringen kann. Die Säure wird deshalb immer in das Wasser gegeben.

Experimentelle Unterscheidung von Salzsäure und Schwefelsäure:
Als Nachweismittel kann z. B. Bariumchloridlösung ausgewählt werden. Nur in dem Reagenzglas mit der Schwefelsäure ist ein weißer Niederschlag zu erwarten, weil sie Sulfationen als Säurerestionen enthält. Es bildet sich schwer lösliches Bariumsulfat.

oder:

Als Nachweismittel wird Silbernitratlösung angefordert. Nur in dem Reagenzglas mit der Salzsäure wird sich ein weißer Niederschlag bilden, weil sie Chloridionen als Säurerestionen enthält. Es entsteht schwer lösliches Silberchlorid.

Realschulabschluss 1993 Chemie (Sachsen)
Wahlaufgabe B: Kohlenwasserstoffe

BE

1. Erdgas ist ein wichtiger Energieträger mit dem Hauptbestandteil Methan.
   - Erläutern Sie zwei Gründe für die Umstellung vieler Haushalte auf Erdgas!
   - Entwickeln Sie für die Verbrennung von Methan die Wortgleichung und die Reaktionsgleichung! 5

2. - Übertragen und vervollständigen Sie die folgende Übersicht!

	Name des Stoffes	Strukturformel	typisches Strukturmerkmal
C_4H_{10}			
C_4H_8			

3

3. - Prüfen Sie experimentell nach, ob im vorliegenden Vergaserkraftstoff ungesättigte Kohlenwasserstoffe enthalten sind!
   - Fordern Sie das Nachweismittel schriftlich an!
   - Führen Sie das Experiment dem Lehrer vor!
   - Erklären Sie die beobachtete Erscheinung! 4

4. FCKW (Fluorchlorkohlenwasserstoffe) finden trotz weltweit erkannter schädigender Wirkung auf die Umwelt immer noch vielseitige Anwendung.
   - Erläutern Sie die hauptsächliche Schadwirkung der FCKW!
   - Zeigen Sie an zwei Beispielen, wie der Einsatz dieser Schadstoffe vermieden werden kann! 4

5. Ethen ist Ausgangsstoff für die Herstellung von Polyethylen.

   $n\ CH_2 = CH_2 \longrightarrow [-CH_2-CH_2-]_n$

   - Vergleichen Sie den Bau des Ausgangsstoffes mit dem des Reaktionsproduktes!
   - Geben Sie zwei Eigenschaften des Polyethylens an und leiten Sie daraus Verwendungsmöglichkeiten ab! 4

6. Das Flüssiggas Propan ist brennbar.
   - Berechnen Sie das Volumen an Sauerstoff, das zur vollständigen Verbrennung von 40 g Propan benötigt wird!
   Runden Sie das Ergebnis sinnvoll!

   $C_3H_8 + 5\ O_2 \longrightarrow 3\ CO_2 + 4\ H_2O$ 4

   ——
   24

Lösungen

1 **Gründe für die Umstellung vieler Haushalte auf Erdgas:**
- Bei der Verbrennung von Erdgas tritt keine Umweltbelastung durch Schwefeldioxid auf. Es ist bekanntlich einer der Hauptverursacher der Bildung des „Sauren Regens". Ein Grund für die Umstellung liegt sicherlich im gewachsenen Umweltbewusstsein der Menschen.
- Durch den Einbau einer Heizungsanlage betrieben mit Erdgas entsteht viel Platz im Keller eines Hauses. Ursprünglicher Lagerraum z. B. für Briketts entfällt. Die Räume können anderweitig genutzt werden.

Gleichungen für die Verbrennung des Methans:

Wortgleichung: Methan + Sauerstoff ⟶ Kohlenstoffdioxid + Wasser

Reaktionsgleichung: CH_4 + $2\,O_2$ ⟶ CO_2 + $2\,H_2O$

2

	Name des Stoffes	Strukturformel	typisches Strukturmerkmal
C_4H_{10}	Butan	H–C–C–C–C–H (mit H an jedem freien C)	Einfachbindungen
C_4H_8	Buten-(1)	$H_2C{=}CH{-}CH_2{-}CH_3$ (Strukturformel mit Doppelbindung)	eine Doppelbindung

3   Man kann auf ungesättigte Kohlenwasserstoffe mit **Bromwasser** prüfen:
Beim Schütteln des Vergaserkraftstoffes mit Bromwasser tritt eine Entfärbung dieses Nachweismittels auf. Damit wird bestätigt, dass der Kraftstoff ungesättigte Kohlenwasserstoffe enthält. Die vorhandenen Mehrfachbindungen in den Molekülen der ungesättigten Kohlenwasserstoffe werden aufgespalten und Bromatome können dadurch addiert werden.

4   **Schadwirkung von FCKW:**
Sie sind an der zunehmenden Zerstörung der Ozonschicht in ca. 30 km Höhe beteiligt. Diese Schicht ist ein Schutzschild gegen die schädlichen UV-Strahlen der Sonne. Eine Auswirkung der Zerstörung ist z. B. das Ansteigen von Hautkrebserkrankungen.

Vermeidung:
- FCKW in Spraydosen durch andere Treibgase ersetzen, z. B. Luft.
- FCKW-freie Kältemittel z. B. in Kühlschränken und Klimaanlagen von Autos einsetzen.

5 Vergleich des Baus von Ethen und Polyethylen:

Unterschiede	Ethen	Polyethylen
Teilchengröße	kleine Moleküle	Makromoleküle
chem. Bindung	Doppelbindung	Einfachbindungen

Die elementare Zusammensetzung beider Stoffe aus C und H ist eine **Gemeinsamkeit**.

Eigenschaften des Polyethylens und daraus resultierende Verwendungsmöglichkeiten:

Eigenschaft	Verwendungsmöglichkeit
geringe Dichte, strapazierbar	Herstellung von Mülltonnen und -containern
große Chemikalienbeständigkeit	Herstellung von Säure- und Laugenbehältern

6 $C_3H_8 + 5\,O_2 \longrightarrow 3\,CO_2 + 4\,H_2O$

gesucht: $V_1(O_2)$ **gegeben:** $m_2(C_3H_8) = 40\,g$

$n_1 = 5\,mol$ $n_2 = 1\,mol$

$V_m = 22{,}4\,\dfrac{\ell}{mol}$ $M_2 = 44\,\dfrac{g}{mol}$

Lösung: $\dfrac{V_1}{m_2} = \dfrac{n_1 \cdot V_m}{n_2 \cdot M_2}$

Einsetzen/Umformen:

$V_1 = \dfrac{5\,mol \cdot 22{,}4\,\frac{\ell}{mol}}{1\,mol \cdot 44\,\frac{g}{mol}} \cdot 40\,g$

Ergebnis:

$\underline{\underline{V = 102\,\ell}}$

Um 40 g Propan vollständig zu verbrennen, benötigt man 102 Liter Sauerstoff.

Realschulabschluss 1993 Chemie (Sachsen)
Wahlaufgabe C: Chemische Reaktionen und chemisch-technische Verfahren

BE

1 Die Geschwindigkeit einer chemischen Reaktion ist beeinflussbar.
   – Untersuchen Sie diese Aussage experimentell an der Reaktion von Zink mit Salzsäure!
   In den Gefäßen A und B befindet sich Salzsäure unterschiedlicher Konzentration.
   – Geben Sie in jedes Gefäß ein Stück Zink und notieren Sie Ihre Beobachtungen!
   – Welches Gefäß enthielt die Salzsäure höherer Konzentration?
   – Begründen Sie Ihre Feststellung, indem Sie den Zusammenhang zwischen der Reaktionsgeschwindigkeit und der Konzentration eines Stoffes formulieren!
   – Nennen Sie eine weitere Möglichkeit, diese Reaktion zu beschleunigen!
   – Entwickeln Sie die Reaktionsgleichung für diese chemische Reaktion! 7

2 Wählen Sie für die Bearbeitung der folgenden Aufgaben **nur eines** der angeführten chemisch-technischen Verfahren aus!
   Technische Herstellung von
   a) Methanol
   b) Ammoniak
   c) Schwefeltrioxid
   – Notieren Sie das Verfahren!
   – Erläutern Sie eine wichtige Bedeutung des Reaktionsproduktes!
   – Formulieren Sie die Wortgleichung für die zugrunde liegende chemische Reaktion!
   – Diese Reaktion verläuft exotherm. Was versteht man darunter?
   – Begründen Sie den Einsatz eines Katalysators!
   – Nennen Sie zwei chemisch-technische Arbeitsprinzipien und erläutern Sie eines auch unter ökonomischen Gesichtspunkten! 9

3 Durch das Rosten von Eisen entstehen der Wirtschaft große Verluste.
   – Nennen Sie zwei Bedingungen, die Rostvorgänge verursachen!
   – Erläutern sie zwei Maßnahmen, um solche Vorgänge einzuschränken! 4

4 Roheisen wird im Hochofen aus Eisenoxiden gewonnen.
   $$Fe_2O_3 + 3\ CO \longrightarrow 2\ Fe + 3\ CO_2$$
   – Berechnen Sie die Masse an reinem Eisen(III)-oxid, die zur Herstellung von 168 t Eisen reagieren muss! $\underline{4}$

   24

Lösungen

1 **Beobachtungen bei der Zugabe von Zink in die Gefäße A und B:**
Die Gasentwicklung im Gefäß B ist heftiger. Das Zinkkörnchen hat sich außerdem eher aufgelöst wie im Gefäß A.
In beiden Gefäßen tritt Erwärmung auf.

Zuordnung der Gefäße und Begründung:
Gefäß B enthielt Salzsäure mit einer höheren Konzentration.
Je höher die Konzentration, desto größer die Reaktionsgeschwindigkeit.

Eine weitere Möglichkeit, die Reaktionsgeschwindigkeit dieser Reaktion zu erhöhen, ist z. B. eine **Erhöhung der Temperatur der Salzsäure.**

Reaktionsgleichung:
$Zn + 2\ HCl \longrightarrow ZnCl_2 + H_2$

2 Chem.-technische Verfahren (nur eines verlangt):

	Methanol	Ammoniak	Schwefeltrioxid
Verfahren	Methanolsynthese	Ammoniaksynthese	Kontaktverfahren
Bedeutung des Reaktionsproduktes	Herstellung von Mischkraftstoffen z. B. Methanol-Benzin-Gemischen aus Umweltschutz- und Energiespargründen	Herstellung von Stickstoffdüngern zur Steigerung landwirtschaftl. Erträge	Herstellung von Schwefelsäure, vielseitig verwendbar z. B. Herstellung von Arznei- und Waschmitteln
Wortgleichung	Kohlenstoffmonooxid + Wasserstoff ↓ Methanol	Wasserstoff + Stickstoff ↓ Ammoniak	Schwefeldioxid + Sauerstoff ↓ Schwefeltrioxid

Eine „exotherme" Reaktion" ist eine chemische Reaktion unter Wärmeabgabe.

Man setzt Katalysatoren ein, weil sie die Geschwindigkeit chemischer Reaktionen erhöhen.

chemisch-technische Arbeitsprinzipien:
– kontinuierliche Arbeitsweise
– Kreislaufprinzip

Beim Kreislaufprinzip z. B. gelingt es, Ausgangsstoffe nahezu verlustlos in Reaktionsprodukte umzuwandeln. Dadurch werden keine Ausgangsstoffe verschwendet, was sich kostengünstig auf den Verkauf der Reaktionsprodukte auswirken kann.

3 **Bedingungen, die Rostvorgänge verursachen:**
Z. B. feuchte Luft, da sie Sauerstoff und auch Wasser enthält.

Maßnahmen gegen das Rosten:
- Ein Maschendrahtzaun kann an der Oberfläche kunststoffversiegelt sein, um den Zutritt von Luft und Wasser zu verhindern.
- Töpfe erhalten eine glasartige Schicht, die Emaille. Sie verhindert den Zutritt von Luft, Feuchtigkeit oder auch den Kontakt mit einer Haushaltchemikalie.

4 **Reaktionsgleichung:**

$$Fe_2O_3 + 3\ CO \longrightarrow 2\ Fe + 3\ CO_2$$

gesucht: $m_1(Fe_2O_3)$ **gegeben:** $m_2(Fe) = 168\ t$
$n_1 = 1\ mol$ $n_2 = 2\ mol$
$M_1 = 160\ \frac{g}{mol}$ $M_2 = 56\ \frac{g}{mol}$

Lösung: $\dfrac{m_1}{m_2} = \dfrac{n_1 \cdot M_1}{n_2 \cdot M_2}$

Einsetzen / Umformen:

$$m_1 = \dfrac{1\ mol \cdot 160\ \frac{g}{mol}}{2\ mol \cdot 56\ \frac{g}{mol}} \cdot 168\ t$$

Ergebnis:
$\underline{\underline{m = 240\ t}}$

Zur Herstellung von 168 Tonnen Eisen sind 240 Tonnen Eisen(III)-oxid erforderlich.

Realschulabschluss 1994 Chemie (Sachsen)
Pflichtaufgabe 1: Stoffe – Chemische Reaktion

BE

1 Vom Lehrer wird
   a) Magnesium verbrannt,
   b) das dabei entstehende Reaktionsprodukt in Wasser gegeben, welches vorher mit Unitestlösung versetzt wurde.
   – Notieren Sie Ihre Beobachtungen!
   – Entwickeln Sie die Reaktionsgleichung für **eine** der beiden Reaktionen!
   – Geben Sie den Namen und das chemische Zeichen für die im Experiment b nachgewiesenen Teilchen an!
   – Nennen Sie zwei Merkmale chemischer Reaktionen!
   – Erläutern Sie **ein** Merkmal an der Reaktion a oder b!   9

2 – Begründen Sie die Stellung des Magnesiums im Periodensystem der Elemente mithilfe Ihrer Kenntnisse über den Atombau!   3

3 Magnesium reagiert mit Salzsäure unter Bildung von Wasserstoff.

   $Mg + 2\,HCl \longrightarrow MgCl_2 + H_2$

   – Berechnen Sie das Volumen an Wasserstoff, das beim Einsatz von 15 g Magnesium entsteht!
   Diese Reaktion kann unterschiedlich schnell verlaufen.
   – Geben Sie zwei Möglichkeiten an, die Reaktionsgeschwindigkeit zu beeinflussen!
   – Stellen Sie den Zusammenhang zwischen einer Reaktionsbedingung und der Erhöhung der Reaktionsgeschwindigkeit her!   7

4 Chemische Reaktionen werden zur Energiebereitstellung genutzt. Dabei können umweltbelastende Stoffe entstehen.
   – Nennen Sie zwei dieser Schadstoffe!
   – Erläutern Sie für einen Stoff die Wirkung auf die Umwelt!
   – Geben Sie eine Maßnahme zur Verringerung des Schadstoffausstoßes bei Verbrennungsprozessen an!   5
                                                                                  ——
                                                                                  24

Lösungen

1 **Beobachtungen:**
a) grelle Lichterscheinung, weißes Pulver als Reaktionsprodukt
b) Schwerlöslichkeit des Reaktionsproduktes, Blaufärbung von Unitestlösung

Reaktionsgleichung (nur eine gefordert):
a) $2\,Mg + O_2 \longrightarrow 2\,MgO$
b) $MgO + H_2O \longrightarrow Mg(OH)_2$
oder:
$MgO + H_2O \longrightarrow Mg^{2+} + 2\,OH^-$

Im Teilexperiment b nachgewiesene Teilchen:
Es wurden Hydroxidionen nachgewiesen, chem. Zeichen OH^-.

Merkmale chemischer Reaktionen:
– Stoff- und Energieumwandlung (beobachtbar),
– Teilchenveränderungen (nicht beobachtbar)

Stoffumwandlung am Beispiel der Reaktion a:

Magnesium	+	Sauerstoff	$\longrightarrow$	Magnesiumoxid
siberglänzendes Metall		farbloses, gasförmiges Nichtmetall		weißes, pulverförmiges Metalloxid

Es ist ersichtlich, dass ein neuer Stoff mit anderen Eigenschaften entsteht.

2 **Zusammenhang zwischen dem Atombau von Magnesium und seiner Stellung im PSE:**

Atombau	Stellung im PSE
12 Protonen im Atomkern	Ordnungszahl 12
2 Außenelektronen	Nr. der Hauptgruppe II
3 besetzte Schalen	Nr. der Periode 3

3 $Mg + 2\,HCl \longrightarrow MgCl_2 + H_2$

gesucht: $V_1(H_2)$
$n_1 = 1\,mol$
$V_m = 22{,}4\,\dfrac{\ell}{mol}$

gegeben: $m_2(Mg) = 15\,g$
$n_2 = 1\,mol$
$M_2 = 24\,\dfrac{g}{mol}$

Lösung: $\dfrac{V_1}{m_2} = \dfrac{n_1 \cdot V_m}{n_2 \cdot M_2}$

Einsetzen/Umformen:

$$V_1 = \frac{1\,\text{mol} \cdot 22{,}4\,\frac{\ell}{\text{mol}}}{1\,\text{mol} \cdot 24\,\frac{g}{\text{mol}}} \cdot 15\,g$$

Ergebnis:

$$\underline{\underline{V = 14\,\ell}}$$

Aus 15 Gramm Magnesium entstehen 14 Liter Wasserstoff.

Möglichkeiten, die Reaktionsgeschwindigkeit zu beeinflussen:
- Die Reaktionsgeschwindigkeit ist von der Konzentration der reagierenden Stoffe und von der Temperatur abhängig. Eine Temperaturerhöhung führt auch zur Erhöhung der Reaktionsgeschwindigkeit.

oder:
- Wird zu Beginn einer chemischen Reaktion die Konzentration nur eines Ausgangsstoffes erhöht, führt das ebenfalls zu einer Erhöhung der Reaktionsgeschwindigkeit.

4 **Schadstoffe:**
Schwefeldioxid und Schwermetalle

Wirkung von Schwermetallen auf die Umwelt:
Schwermetalle wie z. B. Pb, Cu und Cr gelangen über die Luft in den Boden. Mit den Wurzeln werden sie von den Pflanzen aufgenommen. In den Pflanzenzellen vergiften sie wichtige Enzyme und wirken sich somit negativ auf den Stoffwechsel der Pflanze aus. Viele Pflanzen sind aber auch Nahrungspflanzen für den Menschen. Dadurch wird die Gesundheit des Menschen beeinträchtigt.

Maßnahmen zur Verringerung des Schadstoffausstoßes bei Verbrennungsprozessen:
Es gibt vielfältige Möglichkeiten. Diese beginnen im privaten Bereich beim Kauf eines Autos mit geregeltem Katalysator oder dem Betreiben einer Heizungsanlage auf Erdgasbasis. In der Industrie werden z. B. Entschwefelungs- und Entstickungsanlagen gefordert.

Realschulabschluss 1994 Chemie (Sachsen)
Wahlaufgabe A: Organische Verbindungen

BE

1 Essigsäure (Ethansäure) und Ethanol sind wichtige organische Verbindungen.
   - Stellen Sie die ausführlichen Strukturformeln beider Stoffe auf!
   - Kennzeichnen und benennen Sie die funktionellen Gruppen! 4

2 In den Reagenzgläsern A, B, C, befinden sich Ethanol, Natriumhydroxidlösung bzw. verdünnte Ethansäure.
   - Identifizieren Sie die drei Lösungen!
   - Fordern Sie dazu das Nachweismittel schriftlich an!
   - Notieren Sie Ihre Beobachtungen!
   - Geben Sie an, um welche Lösung es sich im Glas A, B und C handelt!
   - Begründen Sie Ihre Entscheidung mit Ihren Kenntnissen über Teilchen! 5

3 Von Zeit zu Zeit sollte man durch Kaffeemaschinen eine Essigsäurelösung laufen lassen.
   - Begründen Sie diese Maßnahme mit einer Eigenschaft der Essigsäure!
   - Geben Sie zwei weitere Verwendungen dieser Säure an! 3

4 Essigsäurebakterien können in Gegenwart von Sauerstoff Ethanol zu Essigsäure umwandeln.
   - Stellen Sie für diesen Vorgang die Reaktionsgleichung auf! 2

5 Kunststoffe (synthetische Werkstoffe) finden trotz ökologischer Bedenken vielseitige Anwendung.
   - Geben Sie die Namen für zwei Kunststoffe an!
   - Leiten Sie aus zwei charakteristischen Eigenschaften der Kunststoffe je eine Einsatzmöglichkeit ab!
   - Erläutern Sie ökologische Probleme, die sich aus der Verwendung von Kunststoffen ergeben und ziehen Sie daraus zwei Schlussfolgerungen für Ihr persönliches Verhalten! $\underline{10}$

   24

Lösungen

1 Strukturformeln und funktionelle Gruppen:

Ethansäure:

```
    H    
    |    ┌──────┐
H — C — -│ C ⟍O │
    |    │  ⟍  │
    |    │   O—H│
    H    └──────┘
              ↓
         Carboxylgruppe
```

Ethanol:

```
    H   H
    |   |
H — C — C — -O — H
    |   |
    H   H
              Hydroxylgruppe
```

2 Nachweismittel:
Unitestlösung

Identifizierung der drei Lösungen:

	A	B	C
Beobachtung bei Zugabe von Unitestlösung	z. B. Blaufärbung	z. B. bleibt grün	z. B. Rotfärbung
Zuordnung	Natriumhydroxid	Ethanol	Ethansäure
Begründung	basische Lösung, Hydroxidionen vorhanden	neutrale Lösung weder H^+/OH^- vorhanden	saure Lösung, Wasserstoffionen vorhanden

3
Essigsäure zersetzt als Säure schwer lösliches Calciumcarbonat auf der Heizspirale der Kaffeemaschine unter Freisetzung von Kohlenstoffdioxid. Man kann Kaffeemaschinen also auf diese Weise entkalken.
Weitere Verwendungsmöglichkeiten der Essigsäure: als Konservierungsmittel oder als Speisewürze.

4 Reaktionsgleichung:
$C_2H_5OH + O_2 \longrightarrow CH_3COOH + H_2O$

5 zwei Namen von Kunststoffen:
z. B. Polyvinylchlorid und Polystyrol

Eigenschaften	Einsatzgebiet
Nichtleiter	Herstellung von Steckern, Schaltern und Kabelummantelungen
Korrosionsbeständigkeit	Herstellung von Autoteilen

ökologisches Problem 1	persönliche Schlussfolgerung
Kunststoffgegenstände sind durch Bakterien biologisch schwer abbaubar. Achtlos weggeworfen, verschandeln sie z. B. die Natur.	Ich werfe keine Kunststoffartikel (Jogurtbecher, Getränkeflaschen) z. B. auf einer Wanderung in die freie Natur.
ökologisches Problem 2	**persönliche Schlussfolgerung**
Bei der Verbrennung von derartigen Materialien entstehen giftige Gase und Stoffe. Sie können in Nahrungsketten eindringen und dem Menschen Schaden zu fügen.	Alte Schuhe, Taschen oder Reifen gehören für mich nicht als Brennstoffe in ein Lagerfeuer.

Realschulabschluss 1994 Chemie (Sachsen)
Wahlaufgabe B: Kohlenstoff und seine Verbindungen

BE

1 Kohlenstoff tritt in Form von Graphit und Diamant auf.
 – Übernehmen Sie die Tabelle in Ihre Arbeit und vervollständigen Sie diese!

Erscheinungsform	Eigenschaften	Verwendungen (aus der Eigenschaft abgeleitet)
Diamant	a) b)	a) b)
Graphit	a) b)	a) b)

 – Begründen Sie je eine Eigenschaft von Diamant und Graphit mit dem Bau des Stoffes! 6

2 Bei der Verbrennung von Kohlenstoff können zwei Oxide entstehen.
 – Geben Sie Namen und Formeln der Oxide an!
 – Beschreiben Sie, wie diese beiden Oxide experimentell unterschieden werden können! 4

3 Carbonate kommen in der Natur vor.
 – Stellen Sie experimentell fest, ob die vorliegende Bodenprobe Carbonat enthält!
 – Fordern Sie die benötigte Chemikalie schriftlich an!
 – Notieren Sie Ihre Beobachtung und werten Sie das Experiment aus!
 Calciumcarbonat kommt als Marmor, Kreide und Kalkstein vor.
 – Ordnen Sie je eine Verwendungsmöglichkeit zu! 6

4 In Sachsen soll auch weiterhin Braunkohle abgebaut werden.
 – Begründen Sie dieses Vorhaben unter ökonomischen Gesichtspunkten!
 – Erläutern Sie zwei Möglichkeiten der Rekultivierung stillgelegter Tagebauflächen! 4

5 Kohlenstoff (Koks) wird in der Industrie als Reduktionsmittel genutzt.
 – Entwickeln Sie für die Reaktion von Kohlenstoff mit Wasser die Wortgleichung und die Reaktionsgleichung!
 – Nennen Sie eine Anwendungsmöglichkeit für das entstehende Gasgemisch! $\underline{4}$
 24

Lösungen

1

Erscheinungsform	Eigenschaften	Verwendungen (abgeleitet)
Diamant	a) sehr hart b) glitzern	a) Besatz einer Bohrkrone b) Brillantschmuck
Graphit	a) weich b) stromleitfähig	a) Bestandteil v. Bleistiftminen b) Schleifkontakte für Motoren

Zusammenhang zwischen Eigenschaften und Bau:
Diamant: Ein C-Atom bindet vier Nachbar-C-Atome durch vier Atombindungen. Das ist ein Grund für die große Härte.
Graphit: Ein C-Atom bindet nur drei Nachbar-C-Atome. Ein Außenelektron pro C-Atom geht daher keine Atombindung mehr ein. Es bleibt frei beweglich und bedingt die elektrische Leitfähigkeit.

2 Namen und Formeln der entstehenden Oxide:
Kohlenstoffmonooxid   CO
Kohlenstoffdioxid CO_2

experimentelle Unterscheidung:
– Prüfen der Brennbarkeit: nur CO ist brennbar und verbrennt mit blauer Flamme zu CO_2

oder:

– Schütteln mit Kalkwasser: nur CO_2 bildet einen weißen Niederschlag von schwer löslichem Calciumcarbonat

3 Experimentelle Überprüfung der Bodenprobe auf Carbonat:
Nachweismittel: Salzsäure (Chlorwasserstoffsäure)
Beobachtung: Die Bodenprobe schäumt auf, wenn Salzsäure zugetropft wird.
Auswertung: Die Bodenprobe enthält Carbonat.
Es wird ein Gas freigesetzt, welches mit Kalkwasser nachgewiesen werden kann. (Nicht gefordert! Siehe auch Lösungen 1997, Pflichtaufgabe 1!)

Verwendungsmöglichkeiten:

Marmor	Kreide	Kalkstein
Baustoff, z. B. für die Herstellung von Fliesen und Platten	Schlämmkreide, Bestandteil von Polier- und Zahnputzmitteln	Düngemittel und Rohstoff der Zementherstellung

4 **Begründung:**
Braunkohle gehört zu den fossilen Brennstoffen. Die Bereitstellung von Elektroenergie über die Verbrennung von Braunkohle ist in Sachsen unverzichtbar.

Möglichkeiten der Rekultivierung stillgelegter Tagebauflächen:
(Rekultivierung ist die Wiederherstellung von Flächen nach Abschluss der bergbaulichen Nutzung.)
Möglichkeit 1:
Restlöcher sind z. B. nach Anstieg des Grundwassers zu Seen umgewandelt worden und konnten durch die Binnenfischerei genutzt werden. Auf diese Weise sind künstliche Ökosysteme, auch Naherholungsgebiete und neue Arbeitsplätze entstanden.

Möglichkeit 2:
Restlöcher können verfüllt und Mutterboden aufgetragen werden. Die Bergbaufolgelandschaft wurde mit Bäumen bepflanzt. Durch Samenanflug anderer Pflanzen nimmt die Artenvielfalt zu und ein neues Ökosystem entsteht. Auch Kulturlandschaften (Parks) können angelegt und für die Erholung genutzt werden.

5 **Reaktion von Kohlenstoff mit Wasser:**

Kohlenstoff + Wasser $\longrightarrow$ Kohlenstoffmonooxid + Wasserstoff

C + H_2O $\longrightarrow$ CO + H_2

Anwendungsmöglichkeit des entstehenden Gasgemisches:
Herstellung von Methanol

Realschulabschluss 1994 Chemie (Sachsen)
Wahlaufgabe C: Salzartige Stoffe und Säuren

BE

1. Natriumchlorid gehört zu den Ionensubstanzen.
   - Beschreiben Sie den Bau des Natriumchloridkristalls!
   - Entwickeln Sie die Reaktionsgleichung für das Lösen dieses Salzes in Wasser!
   - Begründen Sie die elektrische Leitfähigkeit einer Natriumchloridlösung!
   - Geben Sie ein natürliches Vorkommen von Natriumchlorid an und erläutern Sie, auf welchem Wege das Salz gewonnen werden kann! 6

2. Ihnen werden zwei Salze in fester Form bereitgestellt.
   Im Glas A soll sich ein Chlorid und im Glas B ein Sulfat befinden.
   - Beweisen Sie diese Behauptung experimentell!
   - Planen Sie Ihr Vorgehen und fordern sie die benötigten Chemikalien schriftlich an!
   - Notieren Sie Ihre Beobachtungen für die Nachweise und werten Sie diese aus!
   - Entwickeln Sie für **einen** der Nachweise die Reaktionsgleichung! 8

3. Sulfate werden zur Herstellung von Düngemitteln eingesetzt.
   - Nennen Sie zwei Reaktionspartner, die mit Schwefelsäure Natriumsulfat bilden!
   - Stellen Sie für **eine** dieser Reaktionen die Wortgleichung auf!
   - Nur wasserlösliche Sulfate eignen sich als schnellwirkende Mineraldünger. Begründen Sie diese Aussage!
   Düngemittel enthalten auch basisch reagierende Stoffe.
   - Erläutern Sie die Wirkung auf die Bodenreaktion! 6

4. Gefäße mit Chemikalien müssen eindeutig beschriftet sein.
   Auf den Etiketten von Chemikalienflaschen finden Sie folgende Angaben:
   a) HCl
   b) $Ba(OH)_2$
   Die Beschriftung ist unvollständig.
   - Ergänzen Sie mit je zwei Angaben!
   - Begründen Sie an einem dieser Stoffe die Notwendigkeit der vollständigen Beschriftung!
   - Nennen Sie eine Arbeitsschutzmaßnahme für den Umgang mit diesen Stoffen im Unterricht! $\frac{4}{24}$

Lösungen

1 **Bau des Natriumchloridkristalls:**
Der Kristall besteht aus Natriumionen und Chloridionen, die regelmäßig angeordnet sind. Der daraus resultierende Körper hat die Form eines Würfels. Die Bindungsart zwischen den Ionen wird Ionenbeziehung genannt.

Reaktionsgleichung für das Lösen dieses Salzes:
$$NaCl \longrightarrow Na^+ + Cl^-$$

Eine Natriumchloridlösung ist elektrisch leitfähig, weil die Wassermoleküle die Ionenbeziehung zerstören. Die ursprünglich fest an ihrem Platz gebundenen Ionen werden dadurch frei beweglich im Wasser und können als Ladungsträger den Strom leiten.

natürliches Vorkommen von NaCl:
z. B. eine Salzlagerstätte

Gewinnung von NaCl:
Der Abbau erfolgt z. B. im Salzbergwerk. Das zu Tage geförderte Steinsalz wird anschließend gereinigt. Dazu muss es in Wasser gelöst und die Lösung eingedampft werden. So erhält man Speisesalz.

2 **Experimentelle Unterscheidung von Chlorid und Sulfat:**
Vorgehen:
Es wird Wasser zum Lösen der beiden Substanzen benötigt. Als Nachweismittel dienen Bariumchlorid- und Silbernitratlösung. (Wählt man nur ein Nachweismittel, kann das zweite Salz durch Ausschluss ermittelt werden.)
Beobachtungen:

	Lösung im RG A	Lösung im RG B
bei Zugabe von Silbernitratlösung	z. B. weißer Niederschlag	Lösung bleibt klar
bei Zugabe von Bariumchloridlösung	Lösung bleibt klar	weißer Niederschlag

Auswertung:
In der RG-Lösung A befinden sich Chloridionen und in B Sulfationen. Die entsprechenden Metallionen in den Nachweismitteln bilden die Niederschläge von schwer löslichem Silberchlorid im RG A und schwer löslichem Bariumsulfat im RG B.
Also befindet sich vor dem Auflösen in Wasser im RG A das feste Chlorid und in B das feste Sulfat.
(Arbeitet man z. B. nur mit Silbernitratlösung, kann man darauf schließen, dass sich mit großer Wahrscheinlichkeit das Sulfat im RG B befand.)

Reaktionsgleichungen (nur für einen Nachweis verlangt):
Chloridionennachweis: $\quad Ag^+ + Cl^- \longrightarrow AgCl \quad$ oder
Sulfationennachweis: $\quad Ba^{2+} + SO_4^{2-} \longrightarrow BaSO_4$

3   Natriumsulfat kann man durch Reaktion von Schwefelsäure mit z. B.
    – Natrium oder
    – Natriumhydroxid
    gewinnen.

    Wortgleichung:
    Schwefelsäure + Natriumhydroxid ⟶ Wasser + Natriumsulfat

    Nur in Wasser gelöste Dünger gelangen in das Pflanzeninnere, weil die Bestandteile des Düngers als frei bewegliche Ionen vorliegen. Damit ist die Voraussetzung geschaffen, dass osmotische Vorgänge in den Wurzelhaaren richtig funktionieren. Daher müssen schnell wirkende Dünger wasserlöslich sein.

    Wirkung basisch reagierender Stoffe auf die Bodenreaktion:
    In der Vegetationsperiode geben die Wurzeln Säuren an den Boden ab. Der pH-Wert sinkt, weil der Anteil an Wasserstoffionen größer wird. Im Düngemittel basisch reagierende Stoffe würden dem Boden nun Hydroxidionen zuführen. Die stattfindende Neutralisation erhöht den pH-Wert. Die ursprüngliche oder benötigte Bodenreaktion kann wieder eingestellt werden.

4   Die Beschriftung muss durch je zwei weitere Angaben ergänzt werden:

    a) HCl: Salzsäure (Chlorwasserstoffsäure) und Aufkleben des Etiketts mit dem Gefahrensymbol für „Ätzende Stoffe"

    b) $Ba(OH)_2$:   Bariumhydroxidlösung oder Barytwasser und Aufkleben des Etiketts mit dem Gefahrensymbol für „Giftige Stoffe"

    Eine vollständige Beschriftung ist notwendig, weil die Wirkung ätzender Stoffe nicht zu unterschätzen ist. Haut- und Augenschädigungen können die Gesundheit des Menschen stark beeinträchtigen. Auch Materialien wie Stoffe und Metalle werden durch diese Chemikalien angegriffen.

    Arbeitsschutzmaßnahme:
    Tragen einer Schutzbrille/Gesichtsschutz!

Realschulabschluss 1995 Chemie (Sachsen)
Pflichtaufgabe 1: Stoffe – Teilchen – Chemische Reaktionen

BE

1.1 Ihnen werden folgende Experimente vorgeführt:
 a) Schwefel wird verbrannt.
 b) Das dabei entstehende Reaktionsprodukt wird in Wasser gelöst, welches vorher mit Unitestlösung versetzt wurde.
 – Notieren Sie Ihre Beobachtungen!
 – Schreiben Sie für die Reaktion a und b die Wortgleichungen auf.
 – Entwickeln Sie für eine der beiden chemischen Reaktionen die Reaktionsgleichung.
 – Geben Sie den Namen und das chemische Zeichen für die in der Lösung nachgewiesenen Teilchen an. 7

1.2 – Leiten Sie aus der Stellung des Elements Schwefel im Periodensystem der Elemente drei Aussagen zum Bau des Schwefelatoms ab. 3

1.3 Schwefelsäure ist eine weitere Verbindung des Elements Schwefel.
 – Nennen Sie vier Eigenschaften der Schwefelsäure.
 – Erläutern Sie zwei Maßnahmen beim Umgang mit Schwefelsäure. 4

1.4 Schwefelsäurehaltige Abwässer müssen neutralisiert werden.
 – Nennen Sie einen Stoff, der für diese Reaktion geeignet ist.
 – Stellen Sie für Neutralisationen die allgemeine Reaktionsgleichung in Ionenschreibweise auf. 3

1.5 Der Bau der Stoffe bestimmt deren Eigenschaften.
 – Vergleichen Sie die beiden Stoffe mit den chemischen Formeln:
 KOH und C_2H_5OH, indem Sie folgende Tabelle übernehmen und vervollständigen.

chemische Formel	KOH	C_2H_5OH
chemischer Name		
Art der Teilchen		Moleküle
Leitfähigkeit der wässrigen Lösung		
Farbe von Unitest in der Lösung		

4

1.6 Der Stoff mit der Formel C_2H_5OH ist Hauptbestandteil von Brennspiritus.
 – Nennen Sie die zwei Reaktionsprodukte, die bei der Verbrennung dieses Stoffes entstehen.
 – Beschreiben Sie die Energieumwandlung bei dieser chemischen Reaktion. 4

25

Lösungen

1 **Beobachtungen:**
   a) Schwefel brennt mit blauer Flamme. Der Glaskolben erwärmt sich.
   b) Die gebildeten Nebel lösen sich auf. Unitest wird rot.

   Wortgleichungen:
   a) Schwefel + Sauerstoff $\longrightarrow$ Schwefeldioxid
   b) Schwefeldioxid + Wasser $\longrightarrow$ schweflige Säure

   Reaktionsgleichungen (nur für eine Reaktion verlangt):
   a) $S + O_2 \longrightarrow SO_2$
   b) $SO_2 + H_2O \longrightarrow H_2SO_3$
   oder:
   $SO_2 + H_2O \longrightarrow 2\,H^+ + SO_3^{2-}$

   Bei den in der Lösung nachgewiesenen Teilchen handelt es sich um Wasserstoffionen, das chemische Zeichen ist H^+.

1.2 **Ableiten des Atombaus von Schwefel aus seiner Stellung im PSE:**

Stellung im PSE	Atombau
Ordnungszahl 16	16 Protonen im Atomkern und 16 Elektronen in der Atomhülle
Hauptgruppe VI	6 Außenelektronen
Periode Nr. 3	3 besetzte Elektronenschalen

1.3 **Eigenschaften der Schwefelsäure:**
   – Konzentrierte Schwefelsäure ist eine farblose, ölige Flüssigkeit, die wasserentziehend wirkt.

   oder:

   – Verdünnte Schwefelsäure ist eine farblose Flüssigkeit, die den Strom leitet und Unitestlösung rot färbt.

   Maßnahmen beim Umgang mit Schwefelsäure:
   – Beim Verdünnen konzentrierter Schwefelsäure ist stets die Säure unter Umrühren in das Wasser zu geben. Eine zu starke Erwärmung und ein Verspritzen der Säure wird dadurch vermieden.
   – Aus Gründen der Sicherheit ist ein Gesichtsschutz erforderlich, um der ätzenden Wirkung evtl. Säurespritzer zu begegnen.

1.4 Schwefelsäurehaltige Abwässer kann man z. B. mit Natrium- oder Calciumhydroxid neutralisieren.

allgemeine Reaktionsgleichung in Ionenschreibweise:

$H^+ + OH^- \longrightarrow H_2O$

oder:

$H_3O^+ + OH^- \longrightarrow 2\,H_2O$

1.5 Der Bau der Stoffe bestimmt deren Eigenschaften.

Vergleich von KOH und C_2H_5OH:

chemische Formel	KOH	C_2H_5OH
chemischer Name	Kaliumhydroxid	Ethanol
Art der Teilchen	Ionen	Moleküle (gegeben)
Leitfähigkeit der wässrigen Lösung	leitet Strom	leitet nicht
Farbe von Unitest in der Lösung	blau	grün

1.6 Verbrennungsprodukte von Ethanol, dem Hauptbestandteil von Brennspiritus, sind Kohlenstoffdioxid und Wasser.
Die Verbrennungsreaktion verläuft exotherm. Dabei wird chemische Energie in thermische Energie umgewandelt.

Realschulabschluss 1995 Chemie (Sachsen)
Wahlaufgabe 2: Metalle

BE

2.1 Metalle sind Werkstoffe, die vielseitig verwendet werden.
- Erläutern Sie für Kupfer den Zusammenhang zwischen Eigenschaften und Verwendung an zwei Beispielen. 4

2.2 Eisen wird großtechnisch im Hochofen hergestellt.

$Fe_2O_3 + 3\ CO \longrightarrow 2\ Fe + 3\ CO_2$;   endotherm

Diese Reaktion ist eine Redoxreaktion.
- Kennzeichnen Sie die Teilreaktionen und geben Sie das Reduktionsmittel an.
- Nennen Sie zwei chemisch-technische Arbeitsprinzipien, die bei der Roheisenherstellung angewendet werden.
- Berechnen Sie, welche Masse an Eisen entsteht, wenn 120 t Eisen(III)-oxid mit Kohlenstoffmonooxid reagieren. 8

2.3 Die Abbildung zeigt Ihnen ein Modell zum Bau der Metalle.

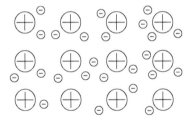

- Nennen und beschreiben Sie die chemische Bindung in Metallen.
- Erläutern Sie eine Eigenschaft von Metallen mithilfe des Modells. 5

2.4 Prüfen Sie experimentell das Verhalten von Magnesium gegenüber Salzsäure (Chlorwasserstoffsäure).
- Versetzen Sie Magnesium mit Salzsäure *(Vorsicht!)* und notieren Sie Ihre Beobachtungen.
- Entwickeln Sie für diese chemische Reaktion die Reaktionsgleichung. 4

2.5 Jährlich wird ein großer Teil der Stahlproduktion benötigt, um Korrosionsverluste auszugleichen.
- Geben Sie zwei Ursachen für das Rosten von Eisen bzw. Stahl an.
- Begründen Sie zwei verschiedene Maßnahmen des Korrosionsschutzes an Beispielen aus dem Alltag. $\frac{4}{25}$

Lösungen

2.1 Zusammenhang zwischen Eigenschaften und Verwendung von Kupfer:
 - Kupfer ist ein guter elektrischer Leiter. Dieses Metall wird deshalb für die Herstellung von Kabel in der Elektrotechnik genutzt.
 - Kupfer ist außerdem ein guter Wärmeleiter und eignet sich daher zum Bau von Heizkesseln und Heizanlagen.

2.2 Teilreaktionen bei der Herstellung von Eisen im Hochofen:

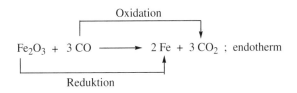

Reduktionsmittel ist Kohlenstoffmonooxid.

chemisch-technische Arbeitsprinzipien der Roheisenherstellung:
 - kontinuierliche Arbeitsweise
 - Wärmeaustausch im Gegenstrom

Berechnung der Masse an Eisen aus obiger Reaktionsgleichung:

gesucht: $m_1(Fe)$ **gegeben:** $m_2(Fe_2O_3) = 120\ t$
$n_1 = 2\ mol$ $n_2 = 1\ mol$
$M_1 = 56\ \frac{g}{mol}$ $M_2 = 160\ \frac{g}{mol}$

Lösung: $\dfrac{m_1}{m_2} = \dfrac{n_1 \cdot M_1}{n_2 \cdot M_2}$

Einsetzen / Umformen:

$$m_1 = \frac{2\ mol \cdot 56\ \frac{g}{mol}}{1\ mol \cdot 160\ \frac{g}{mol}} \cdot 120\ t$$

Ergebnis:

$\underline{\underline{m = 84\ t}}$

Aus 120 Tonnen Eisen(III)-oxid können 84 Tonnen Eisen hergestellt werden.

2.3 **chemische Bindung in Metallen:**
Es liegt eine Metallbindung vor. Die Bindungspartner, die sich gegenseitig anziehen, sind Metallionen und die beweglichen Außenelektronen.

Im Modell nehmen die Elektronen keine geordneten Plätze ein. Daraus kann man schlussfolgern, dass diese Außenelektronen als Ladungsträger frei beweglich sind, was die Stromleitfähigkeit der Metalle erklärt.

2.4 **Beobachtungen:**
Wärme- und Gasentwicklung, Auflösung des Mg-Spans

Reaktionsgleichung:

$Mg + 2\ HCl \longrightarrow MgCl_2 + H_2$; exotherm *oder* $Q = -n\ kJ$

2.5 **Ursachen für das Rosten von Eisen:**
Die langsame Zerstörung des Eisens wird durch feuchte Luft verursacht. Wasser und Sauerstoff sind also neben dem Eisen die Ausgangsstoffe für diese chemische Reaktion. Saurer Regen muss auch in Betracht gezogen werden.

Maßnahme zum Korrosionsschutz	Begründung
Einölen der Fahrradkette	Abweisung von Wasser, Verhinderung des Zutritts von Luft
Anstreichen eines Gartenzauns aus Eisen	Verhinderung des Zutritts von Luft und Feuchtigkeit an der Metalloberfläche

Realschulabschluss 1995 Chemie (Sachsen)
Wahlaufgabe 3: Luft – ein wichtiges Stoffgemisch

BE

3.1 Bestandteile der Luft
- Übernehmen Sie die Tabelle und geben Sie von den beiden Hauptbestandteilen der Luft an:

Name		
Formel		
zwei gemeinsame Eigenschaften		
unterschiedliche Eigenschaften		

- Erläutern Sie eine Möglichkeit, diese beiden Hauptbestandteile der Luft experimentell zu unterscheiden.

Beide Stoffe sind aus Molekülen aufgebaut.
- Nennen Sie die Art der chemischen Bindung und erläutern Sie den Zusammenhalt im Molekül. 9

3.2 Die Reinhaltung der Luft ist eine vorrangige Aufgabe des Umweltschutzes.
- Nennen Sie zwei Luftschadstoffe.
- Beschreiben Sie die schädigende Wirkung eines Schadstoffs.
- Geben Sie zwei Möglichkeiten zur Verringerung der Schadstoffbelastung der Luft an. 6

3.3 Kohlenstoffdioxid lässt sich in der Ausatemluft deutlich nachweisen.
- Fordern Sie Nachweismittel und Geräte an.
- Führen Sie das Experiment durch und notieren Sie Ihre Beobachtung.
- Entwickeln Sie die Reaktionsgleichung. 4

3.4 Gase können bei Experimenten durch Luftverdrängung aufgefangen werden.
Ein Standzylinder soll mit Kohlenstoffdioxid gefüllt werden.

a) b)

- Entscheiden Sie sich für a oder b.
- Begründen Sie Ihre Entscheidung. 2

3.5 Im Schülerexperiment werden 0,5 g Magnesium an der Luft verbrannt.
— Berechnen Sie das benötigte Volumen an Sauerstoff.
$2\,Mg + O_2 \longrightarrow 2\,MgO$

Lösungen

3.1 Hauptbestandteile der Luft:

Name	Sauerstoff	Stickstoff
Formel	O_2	N_2
zwei gemeinsame Eigenschaften	farb- und geruchlose Gase	farb- und geruchlose Gase
unterschiedliche Eigenschaften	Dichte > Luft Siedetemp. − 183 °C	Dichte ≈ Luft Siedetemp. − 196 °C

Zur experimentellen Unterscheidung von Sauerstoff und Stickstoff eignet sich ein glimmender Holzspan, der in die Gefäße jeweils eingetaucht wird.

Bestandteil	O_2	N_2
Beobachtung	Der Span flammt auf!	Die Glut erlischt!
Auswertung	Sauerstoff brennt selbst nicht, fördert aber die Verbrennung.	Stickstoff erstickt jede Flamme, auch die Glut.

Beide Stoffe sind aus **Molekülen** aufgebaut.
Bei der vorliegenden Bindungsart handelt es sich um die **Atombindung**.
Bindungspartner im Molekül sind jeweils gemeinsame Elektronenpaare und die Atomkerne der beiden Atome im Molekül. Durch die entgegengesetzten Ladungen wird zwischen beiden Atomen eine hohe Anziehungskraft erreicht.

3.2 Luftschadstoffe:
Schwefeldioxid, Stickoxide, bodennahes Ozon, Kohlenstoffmonooxid, Stäube, Ruß u. a.
Wirkung eines Schadstoffes:
Schwefeldioxid und Stickoxide bilden mit Regenwasser den „sauren Regen". Dieser greift die Kutikula und die Schließzellen der Spaltöffnungen der Laubblätter an und schädigt dadurch den Prozess der Photosynthese.

Möglichkeiten zur Verringerung der Schadstoffbelastung der Luft:
Ausrüsten von Großfeuerungsanlagen bei z. B. Wärmekraftwerken mit Entschwefelungs- und Entstickungsanlagen.

3.3 Zum Nachweis von Kohlenstoffdioxid in der Ausatemluft benötigt man **Kalkwasser**, ein **Reagenzglas** und ein **Blasröhrchen**.
Beobachtungen:
Kalkwasser trübt sich zunächst. Es kommt schließlich zur Bildung eines weißen Niederschlags beim Durchblasen der Ausatemluft im Nachweismittel.
Reaktionsgleichung:
$$Ca(OH)_2 + CO_2 \longrightarrow CaCO_3 + H_2O$$

3.4 Zum Auffangen von Kohlenstoffdioxid eignet sich der nach oben geöffnete Standzylinder aus Skizze a der Versuchsanordnung, da Kohlenstoffdioxid eine größere Dichte gegenüber der Luft hat.

3.5 **Berechnung:**

$$2\,Mg + O_2 \longrightarrow 2\,MgO$$

gesucht: $V_1(O_2)$ **gegeben:** $m_2(Mg) = 0{,}5\,g$
$n_1 = 1\,mol$ $n_2 = 2\,mol$
$V_m = 22{,}4\,\dfrac{\ell}{mol}$ $M_2 = 24\,\dfrac{g}{mol}$

Lösung: $\dfrac{V_1}{m_2} = \dfrac{n_1 \cdot V_m}{n_2 \cdot M_2}$

Einsetzen/Umformen:

$$V_1 = \dfrac{1\,mol \cdot 22{,}4\,\frac{\ell}{mol}}{2\,mol \cdot 24\,\frac{g}{mol}} \cdot 0{,}5\,g$$

Ergebnis:

$\underline{\underline{V_1 = 0{,}23\,\ell}}$ (gerundeter Wert)

Zur Verbrennung von 0,5 Gramm Magnesium sind 0,23 Liter Sauerstoff aus der Luft erforderlich.

Realschulabschluss 1995 Chemie (Sachsen)
Wahlaufgabe 4: Kohlenwasserstoffe

BE

4.1 Kohlenwasserstoffe sind Energieträger.
- Entwickeln Sie die Reaktionsgleichung für die Verbrennung von Methan.
- Diese chemische Reaktion ist exotherm. Was versteht man darunter?
- Nennen Sie ein natürliches Vorkommen von Methan.
- Stellen Sie die Strukturformel von Methan auf und beschreiben Sie den Bau des Methanmoleküls.   6

4.2 - Führen Sie folgendes Experiment dem Lehrer vor:
  a) Geben Sie einige Tropfen Bariumhydroxidlösung in das bereitgestellte Gefäß.
  b) Entzünden Sie auf einem Verbrennungslöffel einen flüssigen Kohlenwasserstoff und halten Sie ihn in das Gefäß. *(Vorsicht!)*
  - Wie verändert sich die Lösung im Gefäß?
  - Begründen Sie die Veränderung.   4

4.3 Erdöl ist ein Gemisch verschiedener Kohlenwasserstoffe.
- Nennen Sie eine Möglichkeit zur Trennung dieses Stoffgemisches.
- Welche Stoffeigenschaft wird dabei ausgenutzt?
- Nennen Sie zwei Produkte dieses Trennverfahrens und geben Sie je eine Verwendung an.
- Erörtern Sie Risiken beim Transport des Erdöls (zwei Sachverhalte).   6

4.4 Aus Kohlenwasserstoffen lassen sich Kunststoffe herstellen.
Ethen ist ein Ausgangsstoff für die Plastherstellung.

$$n\,CH_2{=}CH_2 \longrightarrow {-}\!{[}CH_2{-}CH_2{]}\!{-}_n$$

- Benennen Sie das Reaktionsprodukt.
- Erläutern Sie die zugrunde liegende chemische Reaktion.
- Geben Sie zwei Eigenschaften von Kunststoffen an, die für ihren Einsatz als Werkstoffe vorteilhaft sind.   5

4.5 Für Experimente wird ein Liter Ethin (Acetylen) benötigt.
- Welche Masse Calciumcarbid muss mindestens mit Wasser reagieren, um dieses Gasvolumen zu erhalten?

$$CaC_2 + 2\,H_2O \longrightarrow C_2H_2 + Ca(OH)_2$$

  4
___
25

Lösungen

4.1 Reaktionsgleichung für die Verbrennung von Methan:

$$CH_4 + 2\,O_2 \longrightarrow CO_2 + 2\,H_2O$$

Eine „exotherme Reaktion" ist eine chemische Reaktion unter Freisetzung von Wärme. Es wird chemische Energie in thermische Energie umgewandelt.

natürliches Vorkommen von Methan:
Es ist Hauptbestandteil des Erdgases.

Strukturformel: **Molekülbau:**

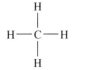

Das Molekül ist aus einem C-Atom und vier H-Atomen aufgebaut. Jedes H-Atom ist durch eine Einfachbindung mit dem C-Atom verbunden.

4.2 Beobachtung:
In der Bariumhydroxidlösung bildet sich ein weißer Niederschlag.

Begründung:
Bei der Verbrennung eines Kohlenwasserstoffes entsteht Kohlenstoffdioxid. Dieses bildet mit der Bariumhydroxidlösung schwer lösliches Bariumcarbonat.

4.3 Ein Trennverfahren für Erdöl ist die **Destillation**. Dabei wird die unterschiedliche Siedetemperatur der Kohlenwasserstoffe ausgenutzt.

Destillationsprodukt	Verwendung
Gasöl	Dieselkraftstoff
Schmieröl	Schmiermittel

Risiken beim Transport des Erdöls:
– Durch ein Tankerunglück läuft Erdöl in das Meer. Wasserökosysteme werden geschädigt.
– Der Transport in Pipelines ist ebenfalls risikoreich. Ausgelaufenes Erdöl kann das Grundwasser verseuchen.

4.4 Bei dem Reaktionsprodukt handelt es sich um **Polyethylen** (PE).
Die zugrunde liegende chemische Reaktion ist eine **Polymerisation**.
Sie verkörpert eine Addition ungesättigter Moleküle mit sich selbst unter Aufspaltung der Mehrfachbindung in diesen Molekülen.

Vorteile von Kunststoffen als Werkstoffe:
– Verformbarkeit
– Chemikalienbeständigkeit

4.5 Berechnung:

$$CaC_2 + 2\,H_2O \longrightarrow C_2H_2 + Ca(OH)_2$$

gesucht: $m_1(CaC_2)$ **gegeben:** $V_2(C_2H_2) = 1\,\ell$

$n_1 = 1\,\text{mol}$ $n_2 = 1\,\text{mol}$

$M_1 = 64\,\dfrac{g}{mol}$ $V_m = 22{,}4\,\dfrac{\ell}{mol}$

Lösung: $\quad \dfrac{m_1}{V_2} = \dfrac{n_1 \cdot M_1}{n_2 \cdot V_m}$

Einsetzen / Umformen:

$$m_1 = \frac{1\,\text{mol} \cdot 64\,\frac{g}{mol}}{1\,\text{mol} \cdot 22{,}4\,\frac{\ell}{mol}} \cdot 1\,\ell$$

Ergebnis:

$\underline{\underline{m_1 = 2{,}9\,g}}$ (gerundeter Wert)

Um einen Liter Ethin herzustellen, benötigt man 2,9 Gramm Calciumcarbid.

Realschulabschluss 1996 Chemie (Sachsen)
Pflichtaufgabe 1: Stoffe – Teilchen – Chemische Reaktionen

BE

1.1 Ihnen werden folgende Experimente demonstriert:
 In drei Gefäßen befinden sich Proben der gleichen Flüssigkeit.
 Probe A wird auf elektrische Leitfähigkeit untersucht,
 Probe B mit Unitest geprüft und
 Probe C mit Bariumchloridlösung versetzt.
 – Notieren Sie Ihre Beobachtungen.
 – Werten Sie **jede** Beobachtung aus.
 – Geben Sie den Namen und die Formel der untersuchten Flüssigkeit an. 5

1.2 – Leiten Sie aus der Stellung des Elements Barium im Periodensystem der Elemente drei Aussagen über den Bau eines Bariumatoms ab.
 – Vergleichen Sie ein Bariumatom mit einem Barium-Ion. Geben Sie dabei eine Gemeinsamkeit und drei Unterschiede an. 7

1.3 Unedle Metalle reagieren mit Säurelösungen.
 – Nennen Sie zwei unedle Metalle.
 – Entwickeln Sie die Wortgleichung und die Reaktionsgleichung für die Reaktion eines dieser Metalle mit Salzsäure (Chlorwasserstoffsäure).
 – Welche Art der chemischen Bindung liegt in den Teilchen des gasförmigen Reaktionsproduktes vor?
 – Geben Sie zwei Möglichkeiten an, die Reaktionsgeschwindigkeit dieser Reaktion zu erhöhen. 7

1.4 Chemische Reaktionen dienen zur
 a) Stoffproduktion,
 b) Energiebereitstellung,
 c) Schadstoffentlastung.
 – Belegen Sie diese Aussage mit je einem Beispiel.
 – Erläutern Sie die Bedeutung einer gewählten chemischen Reaktion. Gehen Sie dabei auf Vorteile und mögliche Probleme ein. 6
 ——
 25

Lösungen

1.1 Beobachtungen:

A Untersuchung auf elektrische Leitfähigkeit – Birne leuchtet auf
B Zugabe von Unitestlösung – Rotfärbung
C Versetzen mit Bariumchloridlösung – weißer Niederschlag

Auswertung:

A Vorhandensein frei beweglicher Ionen als Ladungsträger
B Vorhandensein einer sauren Lösung, Nachweis von H^+
C Nachweis von Sulfationen in der Lösung

Bei der untersuchten Flüssigkeit handelt es sich um Schwefelsäure mit der Formel H_2SO_4.

1.2

Stellung im PSE	abgeleiteter Atombau
Ordnungszahl 56	56 Protonen im Atomkern und 56 Elektronen in der Atomhülle
Hauptgruppe II	2 Außenelektronen
Periode Nr. 6	6 besetzte Elektronenschalen

Vergleich eines Bariumatoms mit einem Bariumion:

Gemeinsamkeit:
Beide besitzen im Atomkern 56 Protonen.

Unterschiede	Atom	Ion
Elektronen in der Hülle	56	54
Anzahl besetzter Elektronenschalen	6	5
elektrische Ladung des Teilchens	elektrisch neutral	zweifach positiv elektrisch geladen

1.3 Unedle Metalle sind z. B. **Magnesium** und **Natrium**.

Reaktion von Magesium mit Salzsäure:

Magnesium + Salzsäure ⟶ Magnesiumchlorid(lösung) + Wasserstoff

Mg + 2 HCl ⟶ $MgCl_2$ + H_2

In den Wasserstoffmolekülen liegt **Atombindung** vor.

Die Geschwindigkeit dieser Reaktion lässt sich erhöhen, indem man entweder die Konzentration oder die Temperatur der Salzsäure erhöht.

1.4 **Beispiele:**
- Stoffproduktion: Aus Ethen wird der Kunststoff Polyethylen produziert.
- Energiebereitstellung: Kerosin wird in einem Düsenjet verbrannt.
- Schadstoffentlastung: Abwässer werden geklärt und chemisch behandelt.

Bedeutung:
Mithilfe des Düsenjets gelangen Menschen schnell und bequem zu Orten, die sehr weit voneinander entfernt sein können. Aber durch die Verbrennung des Kerosins gelangen auch große Mengen Kohlenstoffdioxid in die Atmosphäre. Der Treibhauseffekt wird verstärkt. Außerdem werden Schwermetallpartikel in die Atmosphäre abgegeben, die für unsere Umwelt nicht unproblematisch sind.

Realschulabschluss 1996 Chemie (Sachsen)
Wahlaufgabe 2: Wasser

BE

2.1 Experimente
- Untersuchen Sie die Löslichkeit bzw. Mischbarkeit von Stoffen.
  a) Versetzen Sie folgende Stoffproben mit jeweils ca. 5 ml Wasser:
     A Natriumchlorid
     B Calciumsulfat
     C Benzin
     D Ethanol
  - Notieren Sie Ihre Beobachtungen und werten Sie diese aus.
  b) Geben Sie zur Probe A (Natriumchlorid in Wasser) einige Tropfen Silbernitratlösung.
  - Erklären Sie die beobachtete Erscheinung mithilfe Ihrer Kenntnisse über die Löslichkeit von Stoffen.
  - Entwickeln Sie die Reaktionsgleichung in Ionenschreibweise.   9

2.2 Brennendes Magnesium reagiert heftig mit Wasser. Ein Reaktionsprodukt ist Magnesiumoxid.
- Entwickeln Sie die Reaktionsgleichung.
- Ordnen Sie die chemische Reaktion einer Reaktionsart zu.
- Kennzeichnen Sie die Teilreaktionen.   5

2.3 Als Wasserhärte wird der Anteil an gelösten Calcium- und Magnesiumverbindungen im Wasser angegeben.
- Nennen Sie zwei Nachteile, die sich bei Verwendung von hartem Wasser, d. h. bei großer Wasserhärte, ergeben.
- Geben Sie zwei Möglichkeiten an, den Auswirkungen des harten Wassers im Haushalt entgegenzuwirken oder diese zu beseitigen.   4

2.4 Wasser kann u. a. als Trinkwasser, destilliertes Wasser oder Meerwasser vorliegen.
- Erläutern Sie Unterschiede.   3

2.5 In einem Laborabwasser sind 25 g reine Schwefelsäure zu neutralisieren.
- Berechnen Sie die erforderliche Masse an Calciumhydroxid.
$$H_2SO_4 + Ca(OH)_2 \longrightarrow 2\,H_2O + CaSO_4$$ 4
_____
25

Lösungen

2.1 a)

Stoffprobe	Beobachtung	Auswertung
A Natriumchlorid	Auflösen der weißen Kristalle	Entstehung einer klaren Lösung
B Calciumsulfat	keine Auflösung des weißen Pulvers	Bildung einer Aufschlämmung
C Benzin	schwimmt auf dem Wasser	Bildung zweier Schichten, keine Mischbarkeit mit Wasser
D Ethanol	verschwindet im Wasser und löst sich somit auf	Ethanol mischt sich in jedem Verhältnis mit Wasser unter Bildung einer klaren alkoholischen Lösung

b) Erklärung der beobachteten Erscheinung:
Es bildet sich ein weißer Niederschlag. Dabei handelt es sich um das schwer lösliche Silberchlorid, was durch die Reaktion der Silberionen mit den Chloridionen beim Zusammengießen der beiden Lösungen entsteht bzw. ausfällt.

Reaktionsgleichung:
– in vollständiger Ionenschreibweise:
$$Na^+ + Cl^- + Ag^+ + NO_3^- \longrightarrow AgCl + Na^+ + NO_3^-$$
– in verkürzter Ionenschreibweise:
$$Ag^+ + Cl^- \longrightarrow AgCl$$

2.2 Reaktionsgleichung:
$$Mg + H_2O \longrightarrow MgO + H_2$$
Bei der Reaktion handelt es sich um eine **Redoxreaktion** bzw. eine **Reaktion mit Elektronenübergang**.

Teilreaktionen:
Magnesium wird zu Magnesiumoxid oxidiert und Wasser wird zu Wasserstoff reduziert.

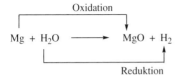

2.3 **Nachteile bei Verwendung von hartem Wasser:**
- Beim Reinigen der Wäsche bildet sich schwer lösliche Kalkseife. Sie setzt die Waschwirkung herab und schädigt die Wäsche.
- Hartes Wasser begünstigt außerdem die Bildung von Kesselstein.

Möglichkeiten, den Auswirkungen des harten Wassers entgegenzuwirken:
- Ein Vollwaschmittel mit einem umweltfreundlichen Wasserenthärter kaufen, um die Wäsche und die Waschmaschine zu schonen bzw. zu schützen.
- Abgekochtes Wasser, Regenwasser oder destilliertes Wasser eignet sich sehr gut für das Dampfbügeleisen, da es keine Härtebildner enthält. Die Düsen können nicht durch Kesselstein verstopft werden.

2.4 **Unterschiede zwischen Trinkwasser, destilliertem Wasser und Meerwasser:**
- Destilliertes Wasser ist fast ein reiner Stoff.
- Trinkwasser ist Wasser, welches bestimmte Qualitäten aufweisen muss. Es sollte keimfrei sein und nur wenige gelöste Stoffe, zum Beispiel für den guten Geschmack, enthalten.
- Meerwasser enthält viele gelöste Salze darunter auch die, die Wasser hart machen.

2.5 **Berechnung:**

$$H_2SO_4 + Ca(OH)_2 \longrightarrow 2\,H_2O + CaSO_4$$

gesucht: m_1 (Calciumhydroxid) **gegeben:** $m_2(H_2SO_4) = 25\,g$

$n_1 = 1\,mol$ $n_2 = 1\,mol$

$M_1 = 74\,\dfrac{g}{mol}$ $M_2 = 98\,\dfrac{g}{mol}$

Lösung: $\dfrac{m_1}{m_2} = \dfrac{n_1 \cdot M_1}{n_2 \cdot M_2}$

Einsetzen/Umformen:

$$m_1 = \dfrac{1\,mol \cdot 74\,\frac{g}{mol}}{1\,mol \cdot 98\,\frac{g}{mol}} \cdot 25\,g$$

Ergebnis:

$\underline{\underline{m_1 = 19\,g}}$ (gerundeter Wert)

Zur Neutralisation von 25 Gramm Schwefelsäure sind 19 Gramm Calciumhydroxid notwendig.

Realschulabschluss 1996 Chemie (Sachsen)
Wahlaufgabe 3: Oxide

BE

3.1 Viele Oxide reagieren mit Wasser.
- Stellen Sie Vermutungen auf, welches Verhalten die Reaktionsprodukte von
  A Calciumoxid mit Wasser
  B Schwefeldioxid mit Wasser
  in einer mit Unitest versetzten Lösung zeigen.
- Begründen Sie Ihre Vermutung.
- Überprüfen Sie Ihre Vermutung für die Reaktion A experimentell *(Vorsicht! Schutzbrille!)* und werten Sie aus.
- Entwickeln Sie die Reaktionsgleichung für diese Reaktion. 7

3.2 Kohlenstoffdioxid und Kohlenstoffmonooxid
- Stellen Sie in einer Tabelle je vier Eigenschaften dieser beiden Oxide gegenüber.
- Nennen Sie zwei Möglichkeiten der Entstehung von Kohlenstoffdioxid.
- Beschreiben Sie den Nachweis von Kohlenstoffdioxid.
- Kohlenstoffmonooxid ist ein Ausgangsstoff bei der Roheisengewinnung. Welche Funktion hat das Kohlenstoffmonooxid bei dieser Reaktion?

    $Fe_2O_3 + 3\ CO \longrightarrow 2\ Fe + 3\ CO_2$ 10

3.3 Der vermehrte Kohlenstoffdioxidgehalt unserer Atmosphäre kann zu Klimaveränderungen führen.
- Erläutern Sie diesen Sachverhalt.
- Durch welche Maßnahmen kann jeder Einzelne dazu beitragen, den Kohlenstoffdioxidgehalt der Luft zu senken? (zwei Beispiele) 4

3.4 Im Chemieunterricht kann Kohlenstoffdioxid durch Zersetzung von Carbonaten mit Salzsäure (Chlorwasserstoffsäure) hergestellt werden.
- Berechnen Sie das Volumen (in Litern) an Kohlenstoffdioxid, das bei der Reaktion von 6,4 g reinem Calciumcarbonat mit Salzsäure entsteht.

    $CaCO_3 + 2\ HCl \longrightarrow CO_2 + H_2O + CaCl_2$ 4

    25

Lösungen

3.1 Vermutungen:
A Das Reaktionsprodukt von Calciumoxid mit Wasser sollte Unitest blau färben.
B Das Reaktionsprodukt von Schwefeldioxid mit Wasser sollte Unitest rot färben.

Begründung:
A Es entsteht Calciumhydroxidlösung als basische Lösung, die Hydroxidionen enthält.
B Es bildet sich schweflige Säure als saure Lösung, die Wasserstoffionen enthält.

Experimentelle Überprüfung bei Reaktion A:
Die Vermutung wurde bestätigt. Es entsteht eine basische Lösung, die Unitest blau färbt.

Reaktionsgleichung:

$$CaO + H_2O \longrightarrow Ca(OH)_2$$

oder:

$$CaO + H_2O \longrightarrow Ca^{2+} + 2\,OH^-$$

3.2

Eigenschaft	Kohlenstoffdioxid	Kohlenstoffmonooxid
Aggregatzustand (20 °C)	gasförmig	gasförmig
Farbe	farblos	farblos
Geruch	geruchlos	geruchlos
Brennbarkeit	unbrennbar	brennbar

Mögliche Entstehung von Kohlenstoffdioxid:
- beim Verbrennen fossiler Brennstoffe,
- bei der Branntkalk- und Zementherstellung,
- als Produkt der biologischen Oxidation (Zellatmung).

Nachweis von Kohlenstoffdioxid:
Kohlenstoffdioxid muss durch Kalk- oder Barytwasser geleitet bzw. mit diesem Nachweismittel geschüttelt werden. Dabei entsteht ein weißer Niederschlag.

Bei der Roheisengewinnung ist Kohlenstoffmonooxid **Reduktionsmittel**.

3.3
Der vermehrte Kohlenstoffdioxidgehalt führt zur Verstärkung des Treibhauseffekts. Dadurch wird die Erdatmosphäre weiter aufgeheizt. Klimatische Veränderungen sind die Folge.

Maßnahmen, den Kohlenstoffdioxidgehalt der Luft zu senken:
- Betreiben einer Heizungsanlage auf Erdgasbasis
- Elektroenergie zu Hause einsparen

3.4 **Berechnung:**

$$CaCO_3 + 2\,HCl \longrightarrow CO_2 + H_2O + CaCl_2$$

gesucht: $V_1\,(CO_2)$ **gegeben:** $m_2(CaCO_3) = 6{,}4\ g$
$n_1 = 1\ mol$ $n_2 = 1\ mol$
$V_m = 22{,}4\ \dfrac{\ell}{mol}$ $M_2 = 100\ \dfrac{g}{mol}$

Lösung: $\dfrac{V_1}{m_2} = \dfrac{n_1 \cdot V_m}{n_2 \cdot M_2}$

Einsetzen / Umformen:

$$V_1 = \dfrac{1\ mol \cdot 22{,}4\ \frac{\ell}{mol}}{1\ mol \cdot 100\ \frac{g}{mol}} \cdot 6{,}4\ g$$

Ergebnis:

$\underline{\underline{V_1 = 1{,}43\ \ell}}$ (gerundeter Wert)

Aus 6,4 Gramm reinem Calciumcarbonat lassen sich 1,43 Liter Kohlenstoffdioxid herstellen.

Realschulabschluss 1996 Chemie (Sachsen)
Wahlaufgabe 4: Organische Verbindungen

BE

4.1 Bestandteile unserer Nahrung
- Nennen Sie die drei Nährstoffgruppen, die in unseren Nahrungsmitteln enthalten sein müssen.
- Geben Sie für zwei dieser Gruppen an, aus welchen Elementen diese Stoffe aufgebaut sind. 3

4.2 Experiment
- Prüfen Sie das vorgegebene Speiseöl auf das Vorhandensein von Mehrfachbindungen. Fordern Sie dazu das Nachweismittel schriftlich an.
- Notieren Sie Ihre Beobachtung.
- Werten Sie das Experiment aus und begründen Sie Ihre Feststellung. 5

4.3 Glucose – Ausgangsstoff für die Herstellung von Ethanol
- Nennen Sie den biochemischen Vorgang, der zur Entstehung von Ethanol führt.
- Geben Sie zwei Bedingungen für den Ablauf dieser Reaktion an. Begründen Sie diese. 5

4.4 Alkohol – Genussmittel und Gift zugleich
- Erläutern Sie Folgen des Alkoholmissbrauchs. Gehen Sie dabei auf eine dauerhafte und eine zeitweilige Auswirkung ein.
- Beurteilen Sie die Absicht eines Autofahrers, nach einer Feier am nächsten Morgen 6.00 Uhr mit dem Pkw zur Arbeit fahren und begründen Sie Ihre Aussage. Verwenden Sie dabei die Angaben aus dem Diagramm.

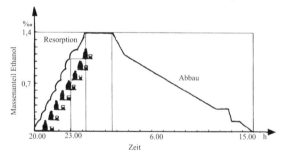

6

4.5 Ethanol – synthetisch hergestellt
- Entwickeln Sie die Reaktionsgleichung für die industrielle Herstellung aus Ethen.

Ethanol ist nicht nur Bestandteil alkoholischer Getränke.
- Leiten Sie zwei weitere Verwendungsmöglichkeiten aus den Eigenschaften ab. 6

25

Lösungen

4.1 **Nährstoffgruppen:**
Eiweiße, Fette und Kohlenhydrate

Gruppe	elementare Zusammensetzung
Fette	C, H und O
Kohlenhydrate	C, H und O
Eiweiße	„S C H O N"

4.2 Ein geeignetes Nachweismittel für die Prüfung von Speiseöl auf das Vorhandensein von Mehrfachbindungen ist **Bromwasser**:

Durchführung des Nachweises:
Schütteln des Bromwassers mit dem Speiseöl

Beobachtung:
Entfärbung des Bromwassers

Auswertung:
Es sind Mehrfachbindungen in den Molekülen des fetten Öls vorhanden. Die Entfärbung bestätigt diesen chemischen Sachverhalt. Es erfolgt eine Aufspaltung der Mehrfachbindungen und die Bromatome können sich in einer Additionsreaktion anlagern. Die entsprechenden Stellen in den Molekülen werden mit diesen Atomen abgesättigt.

4.3 Der biochemische Vorgang, bei dem Ethanol entsteht, ist die **alkoholische Gärung**.

Bedingung für den Ablauf der alkoholischen Gärung	Begründung
Einsatz von Hefepilzen	Sie produzieren Wirkstoffe, die Enzyme.
Einhalten einer bestimmten Temperatur	Die Hefepilze können sich vermehren und dadurch Enzyme produzieren.

4.4 **Folgen des Alkoholmissbrauchs:**

dauerhafte Auswirkungen: Schädigung des Nervensystems, da Nervenzellen zerstört werden

zeitweilige Auswirkungen: Reaktionsvermögen wird beeinflusst, z. B. Verzögerung einer Bremsreaktion beim Autofahren

Beurteilung:
Der Fahrer ist fahruntüchtig, weil er zum angegebenen Zeitpunkt noch ca. 0,9 ‰ Restalkohol im Blut besitzt.
Ein eingeschränktes Reaktionsvermögen und eine begrenzte Wahrnehmungsfähigkeit würden ihn zu einer Gefahr für den Straßenverkehr werden lassen.
Nach den gesetzlichen Bestimmungen hat er Fahrverbot.

4.5 **Reaktionsgleichung:**

$$C_2H_4 + H_2O \longrightarrow C_2H_5OH$$

Eigenschaften von Ethanol	Verwendungsmöglichkeit
brennbar	als Brennspiritus zum Grillen
löst organische Stoffe	zur Herstellung von Medikamenten und Haushaltsprodukten
niedrige Siedetemperatur	zur Herstellung von Parfüms und Erfrischungstüchern

Realschulabschluss 1997 Chemie (Sachsen)
Pflichtaufgabe 1: Stoffe – Teilchen – Chemische Reaktionen

BE

1.1 Ihnen wird folgendes Experiment demonstriert:

In einem Gasentwickler tropft verdünnte Salzsäure auf Stückchen von Calciumcarbonat. Bei der chemischen Reaktion entsteht ein farbloses Gas. Dieses Gas wird durch Einleiten in eine farblose Flüssigkeit nachgewiesen.

- Skizzieren Sie die Experimentanordnung. Geben Sie an der Zeichnung die Namen der genannten Ausgangsstoffe und des gasförmigen Reaktionsproduktes an.
- Notieren Sie Ihre Beobachtungen.
- Nennen Sie das Nachweismittel, in das das entstehende Gas eingeleitet wird.
- Entwickeln Sie die Reaktionsgleichung für den Nachweis.

7

1.2 Das Einwirken von Säuren auf Calciumcarbonat hat praktische Bedeutung.
- Geben Sie zwei Beispiele aus dem Alltag an.

2

1.3 Kohlenstoffatome als Bausteine von Stoffen
- Leiten Sie drei Aussagen über den Bau eines Kohlenstoffatoms aus dem Periodensystem der Elemente ab.

In den Erscheinungsformen des reinen Kohlenstoffs Diamant und Graphit sind eine ungeheure Vielzahl von Kohlenstoffatomen miteinander verbunden.

- Benennen und erläutern Sie die Art der chemischen Bindung zwischen den Kohlenstoffatomen.
- Leiten Sie aus charakteristischen Eigenschaften von Diamant und Graphit jeweils zwei Verwendungsmöglichkeiten für diese Stoffe ab.

Sehr viele Stoffe sind Verbindungen des Elements Kohlenstoff.

- Notieren Sie die Strukturformeln und die Namen für die Stoffe mit folgenden Summenformeln:

CH_4 C_2H_6 C_2H_4

12

1.4 Kohlenstoff in der Technik

Im Hochofen laufen bei der Roheisenherstellung aus Eisenerz und Kohlenstoff (Koks) bzw. Kohlenstoffmonooxid auch folgende chemische Reaktionen ab:

$Fe_2O_3 + 3\,CO \longrightarrow 2\,Fe + 3\,CO_2$ (Reaktionsgleichung I)

$FeO + C \longrightarrow Fe + CO$ (Reaktionsgleichung II)

- Ordnen Sie die chemischen Reaktionen einer Reaktionsart zu.
- Kennzeichnen Sie für eine der chemischen Reaktionen die Teilreaktionen.
- Welche Funktion haben Kohlenstoffmonooxid (Reaktionsgleichung I) und Kohlenstoff (Reaktionsgleichung II) bei den chemischen Reaktionen?

$\frac{4}{25}$

Lösungen

1.1 Skizze:

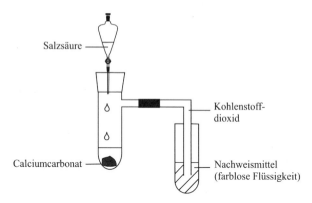

Beobachtungen:
- Gasentwicklung im Gasentwickler.
- Bildung eines weißen Niederschlags beim Einleiten des Gases in die farblose Flüssigkeit.

Nachweismittel:
Aus den Ausgangsstoffen im Gasentwickler entsteht Kohlenstoffdioxid, welches mit Kalk- bzw. Barytwasser nachgewiesen wird. (Barytwasser ist Bariumhydroxidlösung.)

Reaktionsgleichung:

$$Ca(OH)_2 + CO_2 \longrightarrow CaCO_3 + H_2O$$
$$Ba(OH)_2 + CO_2 \longrightarrow BaCO_3 + H_2O$$

1.2 Beispiele aus dem Alltag:
- Entkalken (Ablösen von Kesselstein) in z. B. Haushaltgeräten,
- Ermitteln des Kalkgehaltes in einer Bodenprobe, z. B. Garten,
- Geologen nutzen die Reaktion zum Erkennen von Kalkstein, um beispielsweise eine neue Rohstoffquelle zu erschließen.

1.3

Stellung im PSE	Folgerung für Bau des Atoms
Ordnungszahl 6	6 Protonen im Atomkern und 6 Elektronen in der Atomhülle
Hauptgruppe IV	4 Außenelektronen (2. Schale)
Periode Nr. 2	2 besetzte Elektronenschalen

chemische Bindung zwischen den C-Atomen in Diamant und Graphit:
Es handelt sich um Atombindungen. Eine Atombindung ist eine Art der chemischen Bindung, die durch gemeinsame Elektronenpaare bewirkt wird.

	charakt. Eigenschaft	Verwendungsmöglichkeit
Diamant	glänzend sehr hart	als Schmucksteine als Bohrerkronenbesatz
Graphit	leitet Strom sehr weich	als Batterieelektroden als Schmiermittel

Sehr viele Stoffe sind Verbindungen des Elements Kohlenstoff.

Beispiele für Kohlenstoffverbindungen:

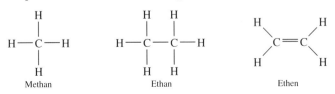

1.4 Bei beiden Reaktionen handelt es sich um **Redoxreaktionen**.

Teilreaktionen:

Reaktionsgleichung I:

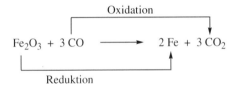

Reaktionsgleichung II:

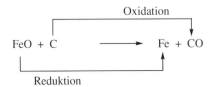

Kohlenstoffmonooxid und Kohlenstoff fungieren beide als **Reduktionsmittel**.

Realschulabschluss 1997 Chemie (Sachsen)
Wahlaufgabe 2: Metalle und Metallverbindungen

BE

2.1 Seit mehr als 7 000 Jahren stellen Menschen aus Metallen die vielfältigsten Gebrauchsgegenstände her.
– Geben Sie zwei typische Eigenschaften an, an denen ein Archäologe erkennen könnte, dass er einen Metallgegenstand gefunden hat.
– Leiten Sie für zwei heute verwendete Metalle aus ihren Eigenschaften jeweils eine Verwendungsmöglichkeit ab.   4

2.2 Gegenstände aus Eisen und Stahl können rosten.
– Nennen und begründen sie zwei Maßnahmen, durch die das Rosten eingeschränkt werden kann.

Eine beim Rosten von Eisen ablaufende chemische Reaktion führt zur Bildung von Eisen(III)-oxid.

$$4\,Fe + 3\,O_2 \longrightarrow 2\,Fe_2O_3$$

– Berechnen Sie die Masse an Eisen(III)-oxid, die bei der Oxidation von 17,5 kg Eisen entstehen würde.   6

2.3 Auch andere Metalle reagieren mit Sauerstoff.
– Entwickeln Sie die Reaktionsgleichung für die chemische Reaktion von Calcium mit Sauerstoff.
– Stellen Sie eine Vermutung auf, wie das Reaktionsprodukt mit Wasser reagiert. Begründen Sie Ihre Vermutung mithilfe des Periodensystems der Elemente.   4

2.4 Natriumchlorid ist eine in der Natur vorkommende Verbindung des Natriums.
– Nennen Sie zwei Verwendungen des Natriumchlorids.
– Beschreiben Sie mithilfe der gegebenen Reaktionsgleichung das Lösen von Natriumchlorid in Wasser.
$$NaCl \longrightarrow Na^+ + Cl^-$$
   5

2.5 Experiment:
In drei mit A, B, C gekennzeichneten Reagenzgläsern befinden sich eine Natriumchloridlösung, Salzsäurelösung (Chlorwasserstoffsäurelösung) bzw. Wasser.
– Bestimmen Sie experimentell, in welchem Glas sich die Natriumchloridlösung befindet. Fordern Sie die Nachweismittel schriftlich an.
– Geben Sie an, welches Reagenzglas die Natriumchloridlösung enthält und begründen Sie Ihre Entscheidung.   6

25

Lösungen

2.1 **Typische Eigenschaften von Metallen:**
- metallischer Glanz
- Stromleitfähigkeit

Zusammenhang zwischen Eigenschaft und Verwendung:

	typische Eigenschaft	Verwendung
Eisen	große Festigkeit	Bau von Maschinen und Fahrzeugen
Aluminium	geringe Dichte und beständig an der Luft	Einsatz im Fahr- und Flugzeugbau

2.2

Maßnahme	Einölen von Metallteilen	Auftragen von Kunststoffen
Begründung	Verhindern des Zutritts von Luft und Feuchtigkeit für kurze Zeit	Verhindert auch den Zutritt aggressiver Chemikalien oder des sauren Regens für lange Zeit

Berechnung nach der vorgegebenen Reaktionsgleichung:

gesucht: $m_1(Fe_2O_3)$ **gegeben:** $m_2(Fe) = 17{,}5$ kg
$n_1 = 2$ mol $n_2 = 4$ mol
$M_1 = 160 \ \frac{g}{mol}$ $M_2 = 56 \ \frac{g}{mol}$

Lösung: $\dfrac{m_1}{m_2} = \dfrac{n_1 \cdot M_1}{n_2 \cdot M_2}$

Einsetzen / Umformen:

$$m_1 = \frac{2 \text{ mol} \cdot 160 \frac{g}{mol}}{4 \text{ mol} \cdot 56 \frac{g}{mol}} \cdot 17{,}5 \text{ kg}$$

Ergebnis:

$\underline{\underline{m_1 = 25 \text{ kg}}}$

Bei der Oxidation von 17,5 Kilogramm Eisen entstehen 25 Kilogramm Eisen(III)-oxid.

2.3 **Reaktionsgleichung:**
$$2\,Ca + O_2 \longrightarrow 2\,CaO$$

Vermutung:
Calciumoxid bildet mit Wasser eine basische Lösung. Es entsteht Calciumhydroxidlösung (Kalkwasser).

Begründung:
Der blaue Hintergrund im Kästchen des Calciums mit der Ordnungszahl 20 gibt an, dass Calciumoxid mit Wasser basisch bzw. alkalisch reagiert.

2.4 **Verwendungsmöglichkeiten von Natriumchlorid:**
Speisewürze, Streusalz im Winter, Konservierungsmittel, Medikament, Herstellung vieler Stoffe, z. B. Chlor und Natronlauge

Beschreibung des Lösungsvorgangs:
Die Wassermoleküle lagern sich zunächst an den Oberflächen des Ionenkristalls an und überwinden die Ionenbeziehung. Dieser Vorgang wiederholt sich ständig, bis alle Natrium- und Chlorid-Ionen frei beweglich im Wasser sind. In der Natriumchloridlösung sind alle Ionen von Wassermolekülen eingehüllt.

2.5 **Nachweismittel:**
Unitestlösung oder -papier und Silbernitratlösung

Beobachtungen und Ergebnis:

	RG mit NaCl	RG mit HCl	RG mit H_2O
Zugabe von Unitest	keine Farbänderung	Rotfärbung	kein Farbumschlag
Zugabe von Silbernitratlösung	weißer Niederschlag	weißer Niederschlag	kein Niederschlag
Kennzeichnung (angenommen)	A	B	C

RG A enthält Natriumchloridlösung. Sie reagiert neutral und der Nachweis von Chlorid-Ionen ist positiv.

Realschulabschluss 1997 Chemie (Sachsen)
Wahlaufgabe 3: Stoffe als Energieträger

BE

3.1 Erdgas ist ein wichtiger Energieträger. Hauptbestandteil ist Methan.
– Geben Sie ein weiteres natürliches Vorkommen von Methan an.
– Schreiben Sie für die Verbrennung des Methans die Wortgleichung auf und entwickeln Sie die Reaktionsgleichung.
– Nennen Sie zwei weitere Kohlenwasserstoffe, die zur Energiebereitstellung genutzt werden. Geben Sie jeweils eine Einsatzmöglichkeit an. 6

3.2 In Sachsen wurden viele Haushalte von Stadtgas auf Erdgas umgestellt.
– Geben Sie zwei Vorteile des Erdgases gegenüber dem Stadtgas an.
– Begründen Sie die Notwendigkeit des Energiesparens. Berücksichtigen Sie dabei auch die Wirkung der Verbrennungsprodukte des Erdgases auf die Umwelt. 4

3.3 Der Energieträger Erdöl wird durch fraktionierte Destillation aufbereitet.
– Welche Eigenschaft der Stoffe wird bei diesem Trennverfahren genutzt?
– Geben Sie für zwei Fraktionen des Erdöls jeweils eine Verwendung an. 3

3.4 Die Anteile verschiedener Energieträger an der Stromerzeugung in Deutschland sind in folgendem Diagramm dargestellt.

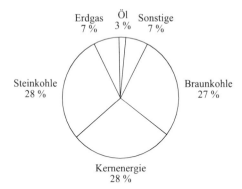

– Äußern Sie sich zu Vor- und Nachteilen für jeden der drei Hauptenergieträger.
– Nennen Sie zwei Möglichkeiten der umweltfreundlichen Energiegewinnung, die in diesem Diagramm unter „Sonstige" erfasst sind. 5

3.5 Verbrennungsmotoren werden in einigen Ländern verstärkt mit Alkohol (Ethanol) statt wie bisher mit Benzin betrieben.
– Benennen Sie den Prozess, bei dem aus zuckerhaltigen Pflanzenteilen Ethanol hergestellt werden kann.

- Berechnen Sie die Masse Kohlenstoffdioxid, die beim Verbrennen von 2,3 kg Ethanol entsteht.

  $2 C_2H_5OH + 6 O_2 \longrightarrow 4 CO_2 + 6 H_2O$ 5

3.6 Experiment:
In den Reagenzgläsern A und B befinden sich Ethanol bzw. Benzin.
- Prüfen Sie das Verhalten der jeweiligen Flüssigkeit gegenüber Wasser. Notieren Sie Ihre Beobachtungen.
- Schlussfolgern Sie, in welchem Reagenzglas sich Ethanol bzw. Benzin befindet.

2 / 25

Lösungen

3.1 Als natürlicher Bestandteil kommt Methan auch in Sumpfgas vor.

Wort- und Reaktionsgleichung für die Verbrennung von Methan:

Methan	+	Sauerstoff	$\longrightarrow$	Kohlenstoffdioxid	+	Wasser
CH_4	+	$2 O_2$	$\longrightarrow$	CO_2	+	$2 H_2O$

weitere Kohlenwasserstoffe:

	Propan	Hexan
Einsatzmöglichkeit	Brenngas für den Campingkocher	Bestandteil des Benzins

3.2 **Vorteile des Erdgases gegenüber Stadtgas:**
- Es besitzt einen höheren Heizwert und
- es verbrennt bei richtiger Einstellung der Heizanlage nur zu Kohlenstoffdioxid und Wasser.

Begründung:
Energieeinsparung bedeutet, weniger Methan zu verbrennen. Somit wird der Kohlenstoffdioxidausstoß verringert. Diese anthropogene Emission ist wesentlich an der Verstärkung des Treibhauseffekts beteiligt.

3.3 Bei der fraktionierten Destillation nutzt man die unterschiedlichen Siedetemperaturen der Kohlenwasserstoffe aus.

Erdölfraktion	Verwendung
Petroleum	Kerosin für Düsenflugzeuge
Rückstand (Bitumen)	Straßenbelag (Asphalt, Teer)

3.4 Vor- und Nachteile der drei Hauptenergieträger:

	Vorteile	Nachteile
Steinkohle	einheimischer Rohstoff	Abbau unter Tage sehr teuer
Kernenergie	keine Schadstoffemissionen	Zurückbleiben radioaktiver Reststoffe
Braunkohle	einheimischer Rohstoff	hoher Schwefelgehalt

Möglichkeiten umweltfreundlicher Energiegewinnung:
- Nutzung der Sonnen- und Windenergie
- Wasserkraft

3.5 Verstärkter Einsatz von Ethanol in Verbrennungsmotoren

Benennung der Herstellungsmethode aus Zucker:
alkoholische Gärung

Berechnung:

$$2\ C_2H_5OH + 6\ O_2 \longrightarrow 4\ CO_2 + 6\ H_2O$$

gesucht: $m_1(CO_2)$ **gegeben:** $m_2(C_2H_5OH) = 2{,}3$ kg
$n_1 = 4$ mol $n_2 = 2$ mol
$M_1 = 44\ \frac{g}{mol}$ $M_2 = 46\ \frac{g}{mol}$

Lösung: $\dfrac{m_1}{m_2} = \dfrac{n_1 \cdot M_1}{n_2 \cdot M_2}$

Einsetzen / Umformen:

$$m_1 = \frac{4\ \text{mol} \cdot 44\ \frac{g}{mol}}{2\ \text{mol} \cdot 46\ \frac{g}{mol}} \cdot 2{,}3\ \text{kg}$$

Ergebnis:

$\underline{\underline{m_1 = 4{,}4\ \text{kg}}}$

Beim Verbrennen von 2,3 Kilogramm Ethanol entstehen 4,4 Kilogramm Kohlenstoffdioxid.

3.6 **Beobachtungen:**
Eine Flüssigkeit löst sich in Wasser (z. B. RG A), die andere nicht (z. B. RG B)

Schlussfolgerung:
Im Reagenzglas A befand sich Ethanol, da es wasserlöslich bzw. in jedem Verhältnis mit Wasser mischbar ist. Das Reagenzglas B enthielt Benzin.

Realschulabschluss 1997 Chemie (Sachsen)
Wahlaufgabe 4: Säuren

BE

4.1 Säuren und saure Lösungen werden in der industriellen Produktion, in Laboratorien und im Haushalt vielfach verwendet.
 - Geben Sie von drei Säuren je eine Verwendungsmöglichkeit an.
 - Leiten Sie drei Arbeitsschutzmaßnahmen für den Umgang mit Säuren aus deren Eigenschaften ab.   6

4.2 Experiment:
Ethansäure (Essigsäure) reagiert mit Natriumhydroxidlösung (Natronlauge).
 - Versetzen Sie die Ethansäure mit Universalindikator (Unitest) und geben Sie tropfenweise Natriumhydroxidlösung bis zu einer deutlichen Farbänderung hinzu.
 - Notieren Sie Ihre Beobachtung.
 - Bezeichnen Sie diese chemische Reaktion.
 - Erläutern Sie diese chemische Reaktion unter Berücksichtigung der reagierenden Teilchen.   5

4.3 Die chemische Reaktion von sauren mit basischen (alkalischen) Lösungen hat wesentliche praktische Bedeutung.
 - Nennen Sie zwei Anwendungsmöglichkeiten.   2

4.4 Zur Herstellung von Schwefelsäure werden Schwefeltrioxid und Wasser verwendet. Die vereinfachte Reaktionsgleichung lautet:

$$SO_3 + H_2O \longrightarrow H_2SO_4$$

 - Berechnen Sie die Masse an Schwefeltrioxid, die zur Herstellung von 250 t reiner Schwefelsäure eingesetzt werden muss.   4

4.5 Im Zusammenhang mit den Belastungen der Umwelt wird oft der „saure Regen" genannt.
 - Beschreiben Sie Entstehung und Auswirkungen des „sauren Regens".
 - Geben Sie zwei Maßnahmen zur Eindämmung des Schadstoffausstoßes an.   5

4.6 Schwefelsäure ist ein Ausgangsstoff zur Herstellung von Magnesiumsulfat.
 - Nennen Sie einen geeigneten Reaktionspartner für die Schwefelsäure.
 - Entwickeln Sie die Reaktionsgleichung für diese chemische Reaktion.   3

           25

Lösungen

4.1
Name der Säure	Verwendungsmöglichkeit
Schwefelsäure	als Elektrolyt in der Autobatterie
Essigsäure	als Speisewürze im Haushalt
Kohlensäure	im Mineralwasser als Durstlöscher

Eigenschaften	Arbeitsschutzmaßnahmen
ätzende Wirkung	Gummihandschuhe benutzen! Augen vor Spritzern schützen!
gesundheitsschädigende Wirkung	Dämpfe bestimmter Säuren nicht einatmen!
zerstören viele Materialien	Verschüttete Säuren mit viel Wasser aufnehmen!

4.2 **Beobachtungen:**
Unitest färbt sich grün. Eine **Neutralisation** oder **Reaktion mit Protonenübergang** fand statt.

Teilchenmäßige Erläuterung dieser chemischen Reaktion:
Wasserstoffionen reagieren mit Hydroxidionen zu Wassermolekülen.

4.3 **Anwendungsmöglichkeiten der Neutralisation:**
- Neutralisieren saurer oder basischer Abwässer als Beitrag für den Umweltschutz,
- Einsatz von Kalkdüngern, um saure Bodenbestandteile wieder auf günstige pH-Werte einzustellen.

4.4 **Berechnung:**

$$SO_3 + H_2O \longrightarrow H_2SO_4$$

gesucht: $m_1(SO_3)$
$n_1 = 1 \text{ mol}$
$M_1 = 80 \frac{g}{mol}$

gegeben: $m_2(H_2SO_4) = 250 \text{ t}$
$n_2 = 1 \text{ mol}$
$M_2 = 98 \frac{g}{mol}$

Lösung: $\dfrac{m_1}{m_2} = \dfrac{n_1 \cdot M_1}{n_2 \cdot M_2}$

Einsetzen/Umformen:

$$m_1 = \frac{1\,\text{mol} \cdot 80\,\frac{g}{mol}}{1\,\text{mol} \cdot 98\,\frac{g}{mol}} \cdot 250\,t$$

Ergebnis:

$\underline{\underline{m_1 = 204\,t}}$ (gerundeter Wert)

Um 250 Tonnen reine Schwefelsäure herzustellen, sind 204 Tonnen Schwefeltrioxid einzusetzen.

4.5 **Entstehung und Auswirkungen des „sauren Regens":**
Bei der Verbrennung fossiler Brennstoffe entsteht z. B. Schwefeldioxid. Dieses gelangt in die Atmosphäre. Es löst sich im Regenwasser und bildet eine saure Lösung von schwefliger Säure.
Die Auswirkungen sind in jedem Fall zerstörerisch. In Mitleidenschaft werden Bau- und Kunstwerke aus Marmor und Sandstein gezogen. Der „saure Regen" ist auch eine Ursache für das Waldsterben.

Maßnahmen zur Eindämmung des Schadstoffausstoßes:
– Entschwefelung von Rauchgasen,
– Betreiben einer Heizungsanlage auf der Basis von Erdgas,
– Fahren eines Autos mit Katalysator.

4.6 **Geeigneter Reaktionspartner:**
Magnesium oder Magnesiumoxid

Reaktionsgleichung:

$Mg + H_2SO_4 \longrightarrow MgSO_4 + H_2$
$MgO + H_2SO_4 \longrightarrow MgSO_4 + H_2O$

Realschulabschluss 1998 Chemie (Sachsen)
Pflichtaufgabe 1: Stoffe – Teilchen – Chemische Reaktionen

BE

1.1 Ihnen werden folgende Experimente vorgeführt:
Drei Stoffproben
A Natriumchloridlösung
B Ethanol
C Aluminium
werden auf elektrische Leitfähigkeit geprüft.
– Notieren Sie Ihre Beobachtungen.
– Werten Sie Ihre Beobachtungen aus.
– Begründen Sie jede Ihrer Aussagen mit Kenntnissen über die in den Stoffen vorliegenden Teilchen.   8

1.2 – Leiten Sie aus der Stellung des Elements Aluminium im Periodensystem der Elemente drei Aussagen über den Bau eines Aluminiumatoms ab.
– Vergleichen Sie Aluminiumatom und Aluminium-Ion. Geben Sie eine Gemeinsamkeit und drei Unterschiede an.   7

1.3 In einem Reaktionsgefäß reagiert gelbgrünes, giftiges Chlor mit erhitztem Natrium. Nach greller Lichterscheinung bildet sich ein weißer Belag an der Innenwand des Reaktionsgefäßes.
– Entwickeln Sie die Reaktionsgleichung für diesen Vorgang.
– Erläutern Sie ein Merkmal chemischer Reaktionen an diesem Beispiel.
– Nennen Sie zwei weitere Merkmale jeder chemischen Reaktion.   6

1.4 Im vorgeführten Experiment wurden zwei farblose, äußerlich kaum unterscheidbare Flüssigkeiten (Natriumchloridlösung und Ethanol), eingesetzt.
– Erläutern Sie zwei weitere Möglichkeiten, wie Sie die Flüssigkeiten eindeutig voneinander unterscheiden könnten. $\underline{4}$
   25

Lösungen

1.1 **Beobachtungen:**

    A NaCl-Lösung: Birne leuchtet auf
    B Ethanol: Birne leuchtet nicht auf
    C Aluminium: Birne leuchtet auf

    Auswertung der Beobachtungen:
    Natriumchloridlösung und Aluminium leiten den elektrischen Strom, Ethanol dagegen nicht.

    Begründung mit Teilchenvorstellungen:

    A Natriumchlorid ist eine Ionensubstanz. In der Lösung liegen frei bewegliche Natrium-Ionen Na^+ und frei bewegliche Chlorid-Ionen Cl^- vor, die durch chemische Reaktion mit dem Wasser beim Auflösen erst frei beweglich wurden. Vorher besitzen diese Ionen im Ionenkristall feste Plätze. Als nunmehr frei bewegliche Ladungsträger garantieren sie die Schließung des Stromkreises.

    B Ethanol ist eine Molekülsubstanz, deren Moleküle aus einem elektrisch neutralen Kohlenwasserstoffrest und der elektrisch neutralen Hydroxylgruppe bestehen. Es gibt also keine frei beweglichen Ladungsträger für die Stromleitfähigkeit.
    Manche Molekülsubstanzen reagieren mit Wasser unter Ausbildung frei beweglicher Ionen, z. B. Chlorwasserstoffgas. Das ist beim Ethanol nicht der Fall, wenn es mit Wasser vermischt wird.

    C Aluminium ist ein chemisches Element und gehört zu den Metallen. Die Außenelektronen eines Metalls sind frei beweglich. Es sind also frei bewegliche Ladungsträger vorhanden.

1.2

Stellung im PSE	abgeleiteter Atombau
Ordnungszahl 13	13 Protonen im Atomkern 13 Elektronen in der Atomhülle
Hauptgruppe III	3 Außenelektronen
Periode Nr. 3	3 besetzte Elektronenschalen

Vergleich Aluminiumatom mit dem Aluminium-Ion

Gemeinsamkeit:
13 Protonen im Atomkern beider Teilchen

Unterschiede:	Atom	Ion	
Elektronenzahl	13	10	
Anzahl besetzter Schalen	3	2	
Anzahl der Außenelektronen	3	8	(2. Schale ist Außenschale)
elektrische Ladung	neutral	dreifach positiv	
chemisches Zeichen	Al	Al^{3+}	

1.3 **Reaktionsgleichung:**

$$2\,Na + Cl_2 \longrightarrow 2\,NaCl$$

Merkmal einer chemischen Reaktion:
Aus dem Text geht hervor, dass grelles Licht und ein weißer Stoff entstehen. Es findet also eine Energie- und Stoffumwandlung statt. Licht entsteht aus chemischer Energie der Ausgangsstoffe, ebenso freiwerdende Wärme.
Das weiße Natriumchlorid bildet sich aus Natrium-Metall und dem gasförmigen Nichtmetall Chlor.

Zwei weitere Merkmale, die nicht beobachtet werden können, sind:
Veränderung von Teilchen und der Umbau chemischer Bindungen.

1.4 **Unterscheidung von Natriumchloridlösung und Ethanol**

1. Möglichkeit:
Eine Geruchsprobe durchführen. Ethanol besitzt einen typischen Geruch. NaCl-Lösung ist geruchlos.

2. Möglichkeit:
Überprüfen der Brennbarkeit beider Flüssigkeiten. Ethanol ist brennbar, denn es enthält als organische Verbindung die Elemente C und H. NaCl-Lösung ist nichtbrennbar.

3. Möglichkeit:
Zugabe von Silbernitratlösung. Nur NaCl-Lösung enthält Chlorid-Ionen, die mit Silber-Ionen der Silbernitratlösung einen weißen Niederschlag von schwer löslichem Silberchlorid bilden:

$$Ag^+ + Cl^- \longrightarrow AgCl \downarrow$$

Bei Möglichkeit 2 und 3 werden chemische Reaktionen zur Identifizierung dieser Substanzen eingesetzt. Möglichkeit 1 nutzt unsere Sinnesorgane zur Unterscheidung.

Realschulabschluss 1998 Chemie (Sachsen)
Wahlaufgabe 2: Chemische Reaktionen – Technik – Umwelt

BE

2.1 Schwefelsäure, Ammoniak und Methanol sind wichtige Grundchemikalien, die großtechnisch hergestellt werden. Wählen Sie für die Bearbeitung der folgenden Aufgaben nur ein chemisch-technisches Verfahren aus.
– Notieren Sie den ausgewählten Stoff.
– Nennen Sie zwei Verwendungen für dieses Reaktionsprodukt.
– Geben Sie zwei Ausgangsstoffe für dessen Herstellung an.
– Erläutern Sie ein chemisch-technisches Arbeitsprinzip, das bei dem Verfahren Anwendung findet.
– Nennen Sie ein weiteres chemisch-technisches Arbeitsprinzip.
– Begründen Sie den Einsatz eines Katalysators aus ökonomischer Sicht. 9

2.2 Personenkraftwagen werden mit Katalysator ausgestattet.
– Erörtern Sie die Notwendigkeit dieser Maßnahme unter Anwendung Ihrer chemischen Kenntnisse. 3

2.3 Experiment:
Sie erhalten drei Reagenzgläser A, B und C mit farblosen Lösungen. Stellen Sie fest, welche der drei Lösungen Schwefelsäure ist.
– Fordern Sie die Nachweismittel schriftlich an.
– Führen Sie das Experiment durch.
– Geben Sie an, in welchem Reagenzglas sich Schwefelsäure befindet.
– Begründen Sie Ihre Aussage.
– Entwickeln Sie für den Nachweis des Säurerest-Ions die Reaktionsgleichung in Ionenschreibweise. 7

2.4 Das Düngemittel Ammoniumsulfat wird aus Ammoniak und Schwefelsäure hergestellt.

$$2\,NH_3 + H_2SO_4 \longrightarrow (NH_4)_2SO_4$$

– Berechnen Sie die Masse an Ammoniak, die zur Herstellung von 4 000 t Ammoniumsulfat erforderlich ist. 4

2.5 Plastabfälle bzw. Kunststoffmüll können durch Verbrennung entsorgt werden.
– Beurteilen Sie diese Möglichkeit der Entsorgung. $\dfrac{2}{25}$

Lösungen

2.1

	Schwefelsäure	Ammoniak	Methanol
Verwendungen	– Elektrolyt in der Autobatterie – Herstellung von Wasch-, Dünge- und Arzneimittel	– Kälte- und – Fensterputzmittel – Herstellung von Salpetersäure	– Zusatz für Kraftstoffe – Umwandlung zu Eiweißstoffen als Viehfutter
Ausgangsstoffe	Schwefeltrioxid und Wasser	Stickstoff und Wasserstoff	Kohlenstoffmonooxid und Wasserstoff

Arbeitsprinzip:
Bei der **kontinuierlichen Arbeitsweise** werden die Ausgangsstoffe ständig (ununterbrochen) in Reaktionsprodukte umgewandelt.
Gegenteil: diskontinuierliche oder periodische Arbeitsweise

weitere Arbeitsprinzipien (auch technologische Arbeitsweisen):
Wärmeaustausch im Gegenstrom, Kreislaufprinzip, Kopplung exothermer und endothermer Reaktionen

Einsatz von Katalysatoren:
– Sie erhöhen die Reaktionsgeschwindigkeit.
– Sie verringern den Energieaufwand der chemischen Reaktion.
– Die gleiche Menge Reaktionsprodukt wird in einer kürzeren Zeit produziert.
– Sie sind außerdem wiederverwendbar und verbrauchen sich nicht.

2.2 Erörterung:
Der Autokatalysator dient der Schadstoffverringerung in Autoabgasen. Diese enthalten die giftigen Abgase Kohlenstoffmonooxid, Stickstoffoxide und Kohlenwasserstoffe. CO ist ein Atemgift. Stickoxide sind an der Bildung bodennahen Ozons und des sauren Regens beteiligt. Einige Kohlenwasserstoffe sind krebsauslösend.
Der Platin-Katalysator wandelt diese Abgase in Kohlenstoffdioxid, Stickstoff und Wasser um.

2.3 Nachweismittel:
Unitest-Indikator und Bariumchloridlösung

Durchführung:
Jede Lösung muss zunächst aufgeteilt werden. Die Schwefelsäurelösung befindet sich in dem Reagenzglas, wo ein Teil der Lösung den Indikator rot färbte und der andere Teil mit Bariumchloridlösung einen weißen Niederschlag bildete.

Begründung:
Die Schwefelsäure ist eine saure Lösung und enthält Wasserstoff-Ionen (Hydronium-Ionen). Bariumchloridlösung weist das Sulfat-Ion als Säurerestion der Schwefelsäure nach. Der Nachweis beider Ionenarten identifiziert diese Säurelösung eindeutig.

Reaktionsgleichung:

$$2\,H^+ + SO_4^{2-} + Ba^{2+} + 2\,Cl^- \longrightarrow BaSO_4 + 2\,H^+ + 2\,Cl^-$$

oder verkürzt

$$Ba^{2+} + SO_4^{2-} \longrightarrow BaSO_4 \downarrow$$

2.4 **Berechnung mithilfe der vorgegebenen Gleichung:**

gesucht: m_1 (Ammoniak)   gegeben: m_2 (Ammoniumsulfat)
   $= 4\,000\,t$
 $n_1 = 2\,mol$ $n_2 = 1\,mol$

 $M_1 = 17\,\dfrac{g}{mol}$ $M_2 = 132\,\dfrac{g}{mol}$

Lösung: $\dfrac{m_1}{m_2} = \dfrac{n_1 \cdot M_1}{n_2 \cdot M_2}$

Einsetzen / Umformen:

$$m_1 = \frac{2\,mol \cdot 17\,\frac{g}{mol}}{1\,mol \cdot 132\,\frac{g}{mol}} \cdot 4\,000\,t$$

Ergebnis:

$\underline{\underline{m_1 = 1030\,t}}$ (gerundeter Wert)

Um 4 000 Tonnen Ammoniumsulfat herzustellen sind 1 030 Tonnen Ammoniak erforderlich.

2.5 **Entsorgung von Kunststoffmüll durch Verbrennung – Beurteilung**
Neben der Energiegewinnung ist das Einsparen von Deponieraum sicherlich von Vorteil.
Ein Nachteil der Verbrennung ist jedoch, dass schädliche Abgase entstehen, z. B. Schwefeldioxid und Chlorwasserstoffgas.
Außerdem können Schwermetallstäube und chlorierte Kohlenwasserstoffe in die Atmosphäre gelangen. Letztere gehören zu den krebsauslösenden Stoffen. Es gibt umweltfreundlichere Methoden der Entsorgung.

Realschulabschluss 1998 Chemie (Sachsen)
Wahlaufgabe 3: Gase – Gasgemische

BE

3.1 Das Gasgemisch Luft enthält unter anderem Sauerstoff und Kohlenstoffdioxid.
- Erläutern Sie mithilfe der Eigenschaften beider Stoffe eine Möglichkeit, diese Gase experimentell zu unterscheiden.
- Nennen Sie zwei Bedingungen für Verbrennungsvorgänge, die neben dem Vorhandensein von Sauerstoff gegeben sein müssen.
- Leiten Sie aus den Bedingungen für die Verbrennung zwei Möglichkeiten ab, Brände zu löschen.   7

3.2 Experiment:
Weisen Sie nach, dass in Ihrer Ausatemluft Kohlenstoffdioxid enthalten ist.
- Fordern Sie das Nachweismittel schriftlich an.
- Führen Sie das Experiment durch.
- Notieren Sie Ihre Beobachtung.
- Erläutern Sie die beobachtete Erscheinung.   5

3.3 Um den ebenfalls in der Luft vorhandenen Stickstoff zu nutzen, wird Sauerstoff chemisch gebunden. Dafür kann folgende chemische Gleichung angegeben werden:

$$2\,C + 4\,N_2 + O_2 \longrightarrow 2\,CO + 4\,N_2$$

- Berechnen Sie die Masse an Kohlenstoff, die zum Binden von 110 ℓ Sauerstoff erforderlich ist.   4

3.4 Wasserstoff und Sauerstoff gehören zu den Molekülsubstanzen.
- Beschreiben Sie den Bau eines Wasserstoffmoleküls.
- Nennen Sie zwei Verwendungsmöglichkeiten von Wasserstoff.
- Was ist beim Umgang mit Wasserstoff zu beachten? Begründen Sie.   5

3.5 Erdgas wird unter anderem zu Heizzwecken eingesetzt.
- Entwickeln Sie die Reaktionsgleichung für die vollständige Verbrennung des Erdgasbestandteils Methan.

Der Einsatz von Erdgas ist vorteilhafter als das aus Braunkohle gewonnene Stadtgas.
- Geben Sie dafür zwei Gründe an.   4

                                                                                     25

Lösungen

3.1 Experimentelle Unterscheidung von Sauerstoff und Kohlenstoffdioxid:
In die betreffenden Gefäße mit diesen Gasen wird ein glühender Span eingetaucht.
Ist Sauerstoff anwesend, flammt der Span auf, weil er die Verbrennung fördert.
Handelt es sich um Kohlenstoffdioxid, erlischt die Glut, weil Kohlenstoffdioxid erstickend wirkt.

Bedingungen für Verbrennungsvorgänge:
- Vorhandensein eines brennbaren Stoffes,
- Überschreitung der Entzündungstemperatur des brennbaren Stoffes.

Möglichkeiten der Brandlöschung:
- Entfernen des brennbaren Stoffes, da dieser neben Sauerstoff der zweite Ausgangsstoff bei der Verbrennung ist.
- Entzug von Sauerstoff, da dieser die Verbrennung fördert oder keinen Zutritt für die Luft zulassen, da sie die Verbrennung zumindest unterhält.
- Senkung der Temperatur evtl. durch kaltes Wasser, um den Nachschub brennbarer Gase zu unterbinden. Flammen sind brennende Gase.

3.2 Nachweis von Kohlenstoffdioxid in der Ausatemluft

Nachweismittel:
Kalk- bzw. Barytwasser

Durchführung:
Durch im Reagenzglas befindliches Kalkwasser wird mittels eines Glasrohrs Ausatemluft geblasen.

Beobachtung:
zunächst Trübung des Kalkwassers, dann Bildung eines weißen Niederschlags

Erläuterung:
Der Niederschlag ist schwer lösliches Calciumcarbonat. Das farblose Kohlenstoffdioxidgas wird durch eine Fällungsreaktion nachgewiesen.
Die Reaktionsgleichung lautet:

$$Ca(OH)_2 + CO_2 \longrightarrow CaCO_3 + H_2O$$

3.3 Berechnung mithilfe der vorgegebenen Gleichung:

gesucht: m_1(Kohlenstoff)   **gegeben:** V_2(Sauerstoff) = 110 ℓ

$n_1 = 2 \text{ mol}$ $n_2 = 1 \text{ mol}$

$M_1 = 12 \ \dfrac{g}{mol}$ $V_m = 22{,}4 \ \dfrac{\ell}{mol}$

Lösung: $\quad \dfrac{m_1}{V_2} = \dfrac{n_1 \cdot M_1}{n_2 \cdot V_m}$

Einsetzen/Umformen:

$$m_1 = \frac{2 \text{ mol} \cdot 12 \frac{g}{mol}}{1 \text{ mol} \cdot 22,4 \frac{\ell}{mol}} \cdot 110 \ \ell$$

Ergebnis:

$\underline{\underline{m_1 = 118 \text{ g}}}$ (gerundeter Wert)

Die Masse Kohlenstoff zum Binden von 110 Litern Sauerstoff beträgt 118 Gramm.

3.4 **Bau des Wasserstoffmoleküls:**
Dieses Teilchen besteht aus zwei Wasserstoffatomen, die durch ein gemeinsames Elektronenpaar verbunden sind. Dabei handelt es sich um eine Atombindung, hier eine Einfachbindung.

Verwendung von Wasserstoff:
Brenngas beim autogenen Schweißen oder Schneiden, Füllgas in Wetterballons, Treibstoff für Raumfähren

Begründung des Umgangs mit Wasserstoff:
Wasserstoff ist brennbar und bildet mit Luft explosive Gemische, die auch Knallgas genannt werden. Deshalb macht man vor Experimenten mit Wasserstoff die Knallgasprobe.

3.5 **Reaktionsgleichung der Verbrennung von Erdgas:**

$CH_4 + 2 \ O_2 \longrightarrow CO_2 + 2 \ H_2O \ ; \ Q = -n \text{ kJ}$

Vorteile von Erdgas gegenüber Stadtgas:
Erdgas ist ein Rohstoff, der über Erdgasleitungen sofort zum Verbraucher gelangt und für Heizzwecke jederzeit zur Verfügung steht. Stadtgas ist ein Veredlungsprodukt der Braunkohle, das erst energieaufwendig hergestellt werden muss.
Erdgas lässt sich vollständig zu Kohlenstoffdioxid und Wasser verbrennen. Es entstehen kaum Luftschadstoffe, was einen weiteren Vorteil darstellt.

Realschulabschluss 1998 Chemie (Sachsen)
Wahlaufgabe 4: Chemie im Alltag

BE

4.1 Im täglichen Leben nutzen wir eine Vielzahl von Stoffen.
 – Belegen Sie diese Aussage, indem Sie die Tabelle übernehmen und ergänzen.

Name des Stoffes	Formel	Verwendung
Marmor (Calciumcarbonat)		
	$C_6H_{12}O_6$	
		Speisewürze

3

4.2 Experiment:
Haushaltchemikalien zeigen unterschiedliches Verhalten gegenüber Indikatoren.
Prüfen Sie die vorgegebenen Proben A, B und C mit Universalindikator.
A Waschmittellösung, B Essig, C Fensterputzmittel
 – Notieren Sie Ihre Beobachtung.
 – Ermitteln Sie näherungsweise den pH-Wert jeder Lösung.
 – Ordnen Sie die Proben den sauren oder basischen Lösungen zu.
 – Geben Sie für die in den Lösungen nachgewiesenen Ionen jeweils Name und chemisches Zeichen an. 5

4.3 Die Stoffgruppe der Ester ist weit verbreitet.
 – Nennen Sie zwei Vorkommen und Verwendungsmöglichkeiten von Estern. 2

4.4 In einigen Haushalten wird Propan als Energieträger eingesetzt.
 – Berechnen Sie das Volumen an Sauerstoff, das bei der Verbrennung von 2 kg Propan verbraucht wird.
$$C_3H_8 + 5\,O_2 \longrightarrow 3\,CO_2 + 4\,H_2O$$
4

4.5 Beim Kalklöschen reagiert Branntkalk (Calciumoxid) mit Wasser.
 – Entwickeln Sie die Reaktionsgleichung für diesen Vorgang.
 – Begründen Sie die Notwendigkeit, bei der Mörtelbereitung Augen und Haut zu schützen.
Kalkmörtel bindet an der Luft ab.
 – Schreiben Sie für diese chemische Reaktion die vollständige Reaktionsgleichung auf.
$$Ca(OH)_2 + CO_2 \longrightarrow \ldots\ldots + \ldots\ldots$$
In frisch verputzten Räumen ist oft feuchte Wärme wahrzunehmen.
 – Begründen Sie diese Erscheinung mithilfe Ihrer chemischen Kenntnisse. 6

4.6 Kunststoffe sind aus den Haushalten nicht mehr wegzudenken.
 – Nennen Sie zwei Ihnen bekannte Kunststoffe.
 – Leiten Sie für einen Kunststoff zwei Verwendungen aus seinen Eigenschaften ab.

$\dfrac{5}{25}$

Lösungen

4.1

Name des Stoffes	Formel	Verwendung
Marmor (Calciumcarbonat)	$CaCO_3$	Baustoff
Glucose	$C_6H_{12}O_6$ (gegeben)	Nährstoff
Essigsäure oder Kochsalz	CH_3COOH oder $NaCl$	Speisewürze (gegeben)

4.2 Verhalten von Haushaltchemikalien gegenüber Indikatoren:

	Waschmittellösung	Essig	Fensterputzmittel
Beobachtungen	Blaufärbung	Rotfärbung	je nach Wahl des Putzmittels Rot- oder Blaufärbung
pH-Wert	z. B. 11	z. B. 3	z. B. 3/10
Zuordnung	basische Lösung	saure Lösung	saure/basische Lösung
nachgewiesene Ionen Name	Hydroxid-Ionen	Wasserstoff-Ionen/ Oxonium-Ionen	Wasserstoff-Ionen/ Hydroxid-Ionen
chem. Zeichen	OH^-	$H^+/(H_3O^+)$	$H^+/(H_3O^+)/OH^-$

4.3 Vorkommen von Estern:
Fruchtester als Inhaltsstoffe von Früchten, tierische und pflanzliche Fette, Bienenwachs, Schieß- und Sprengstoffe

4.4 Berechnung mithilfe der vorgegebenen Gleichung:

gesucht: V_1 (Sauerstoff)   **gegeben:** m_2(Propan)

$n_1 = 5$ mol

$V_m = 22{,}4 \dfrac{\ell}{mol}$

$m_2 = 2$ kg $= 2\,000$ g

$n_2 = 1$ mol

$M_2 = 44 \dfrac{g}{mol}$

Lösung: $\dfrac{V_1}{m_2} = \dfrac{n_1 \cdot V_m}{n_2 \cdot M_2}$

Einsetzen/Umformen:

$$V_1 = \dfrac{5 \text{ mol} \cdot 22{,}4 \frac{\ell}{mol}}{1 \text{ mol} \cdot 44 \frac{g}{mol}} \cdot 2\,000 \text{ g}$$

Ergebnis:
$\underline{\underline{V_1 = 5\,091\,\ell}}$ (gerundeter Wert)

Die Verbrennung von 2 Kilogramm Propan erfordert 5 091 Liter Sauerstoff.

4.5 **Reaktionsgleichung für das Kalklöschen:**
$$CaO + H_2O \longrightarrow Ca(OH)_2$$

Begründung der Schutzmaßnahmen:
Löschkalk (Calciumhydroxid) gehört in die Stoffklasse der Metallhydroxide. Metallhydroxide und deren Lösungen (Laugen) verursachen Hautverätzungen einschließlich der Augenhornhaut. Bei derartigen Verätzungen ist gründlich mit Wasser zu spülen, notfalls ein Arzt aufzusuchen.

Reaktionsgleichung für das Abbinden von Kalkmörtel:

$$Ca(OH)_2 + CO_2 \longrightarrow \boxed{CaCO_3 + H_2O}$$

Begründung für das Auftreten von feuchter Wärme:
Die Reaktion ist exotherm, d. h. es wird Wärme frei. Außerdem entsteht Wasser als ein Reaktionsprodukt, was die Feuchtigkeit in solchen Räumen erklärt.

4.6 **Beispiele für Kunststoffe:**
z. B. Polyethylen (PE) und Polyvinylchlorid (PVC)

Eigenschaft	Verwendungszweck
chemikalienbeständig	Aufbewahrungsgefäße für Labor- und Haushaltchemikalien
nicht stromleitfähig	Kabelisolierungsmaterial
geschmacklos, ungiftig	Herstellung von Kinderspielzeug (nur PE)

Realschulabschluss 1999 Chemie (Sachsen)
Pflichtaufgabe 1: Stoffe – Teilchen – Chemische Reaktionen

BE

1.1 Ihnen werden folgende Experimente vorgeführt:
Zwei farblose Lösungen werden untersucht.
a) Ein Teil der Lösungen wird mit wenigen Tropfen Universalindikator (Unitest) geprüft.
b) In einen anderen Teil der Lösungen wird jeweils ein Magnesiumspan gegeben.
- Notieren Sie Ihre Beobachtungen für a und b. 2
- Werten Sie Ihre Beobachtungen aus. Nennen Sie bei a auch die nachgewiesenen Teilchen. 3

Die geprüften Lösungen enthielten die Stoffe mit den Formeln CH_3COOH und HCl.
- Benennen Sie die Stoffe. 2
- Entwickeln Sie für das Einwirken von einer der Lösungen auf Magnesium die Reaktionsgleichung. 2
- Geben Sie zwei Möglichkeiten an, wie Sie die beiden Lösungen voneinander unterscheiden könnten. 2

1.2 Die untersuchten Lösungen reagieren beide mit Magnesium.
- Geben Sie zwei weitere Stoffe aus unterschiedlichen Stoffklassen an, mit denen die Lösungen ebenfalls reagieren könnten. 2

1.3 Sie haben Erfahrungen aus dem Alltag mit beiden im Experiment eingesetzten Lösungen.
- Beschreiben Sie Vorkommen, Eigenschaften und Verwendung beider Stoffe. Benutzen Sie dabei folgende Stichworte:
konzentriert, Gefahrstoff, Reinigungsmittel, konservieren, ätzend, farblos, Magensäure, Weinessig, Kartoffelsalat, Mörtelrestentfernung auf Mauerwerk, Laborchemikalie 4

1.4 Zeichnen Sie je ein Modell für ein Magnesiumatom Mg und ein Chlorid-Ion Cl^-. 2
- Leiten Sie die erforderlichen Angaben für eines der Teilchen aus dem Periodensystem der Elemente ab. Notieren Sie Ihre Überlegungen. 3

1.5 Die chemische Reaktion zwischen einer der im Experiment 1.1 eingesetzten Lösung und dem Metall Magnesium kann unterschiedlich schnell verlaufen.
- Geben Sie zwei Bedingungen an, die Einfluss auf den zeitlichen Verlauf der chemischen Reaktion haben. 1
- Formulieren Sie je eine Aussage über den Zusammenhang zwischen der gewählten Bedingung und der Geschwindigkeit der Reaktion. 2

25

Lösungen

1.1

	Experiment in a	Experiment in b
Beobachtungen	Universalindikator wird in beiden Fällen rot.	In beiden Fällen entsteht ein Gas und Wärme. Der Mg-Span löst sich auf.
Auswertung	Es handelt sich jeweils um saure Lösungen. Nachgewiesen wurden Wasserstoff-Ionen.	Es entwickelt sich Wasserstoff. Die Reaktionen verlaufen exotherm.

Benennen der Stoffe:
- CH_3COOH ist Essigsäure bzw. Ethansäure.
- HCl ist Salzsäure bzw. Chlorwasserstoffsäure. Salzsäure entsteht durch Lösen von Chlorwasserstoffgas in Wasser.

Reaktionsgleichung:

$$Mg + 2\,HCl \longrightarrow MgCl_2 + H_2$$

Möglichkeiten der Unterscheidung beider Lösungen:
- Salzsäure enthält Chlorid-Ionen, die sich mit Silbernitratlösung nachweisen lassen. Nur in der Salzsäure entsteht ein weißer Niederschlag von Silberchlorid.
- Eine vorsichtig und exakt durchgeführte Geruchsprobe kann ebenfalls der Unterscheidung dienen. Unsere Nase nimmt den typischen Essiggeruch deutlich wahr.

1.2

Kalkstein (Calciumcarbonat) und **Natronlauge** (Natriumhydroxid) reagieren ebenfalls mit den Lösungen.

1.3

	Vorkommen	Eigenschaften	Verwendung
Essigsäure	in Weinessig	in konz. Form ein Gefahrstoff, ätzend, farblos	Reinigungsmittel, Kartoffelsalatzubereitung, zum Konservieren
Salzsäure	Magensäure ist Salzsäure	in konz. Form ein Gefahrstoff, ätzend, farblos	Laborchemikalie, Mörtelrestentfernung

1.4 **Modelle für das Magnesiumatom und Chlorid-Ion:**

Magnesiumatom $_{12}$Mg

Chlorid-Ion $_{17}$Cl$^-$

Stellung im PSE	Magnesiumatom	Chlorid-Ion
Ordnungszahl 12/17	12 Protonen	17 Protonen
3. Periode	3 besetzte Elektronenschalen	3 besetzte Elektronenschalen
Hauptgruppennummer II/VII	2 Außenelektronen in der 3. Schale	7 + 1 = 8 Außenelektronen in der 3. Schale (Außenschale als Achterschale, Elektronenbesetzung des Edelgases Argon)

1.5 Der **zeitliche Verlauf** einer chemische Reaktion kann beeinflusst werden durch
  – die Temperatur der Salzsäure,
  – die Konzentration der Salzsäure,
  – aber auch durch den Zerteilungsgrad des Magnesiums.

Zusammenhänge:
Je höher die Temperatur desto größer die Reaktionsgeschwindigkeit.
Je höher die Konzentration desto größer die Reaktionsgeschwindigkeit.

Realschulabschluss 1999 Chemie (Sachsen)
Wahlaufgabe 2: Calciumcarbonat

BE

2.1 Calciumcarbonat kommt in der Natur z. B. als Kalkstein, Marmor und Kreide vor. Schon den ältesten Naturvölkern war Kalkstein als Baustoff bekannt.
Das folgende Schema zeigt den Kalkkreislauf.

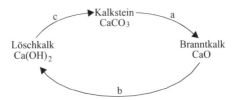

– Benennen Sie zwei der Vorgänge a, b oder c.   2

Der Schachtofen zur Herstellung von Branntkalk arbeitet kontinuierlich.
– Erläutern Sie dieses Arbeitsprinzip.   1
– Begründen Sie die Anwendung dieses Prinzips.   1
– Begründen Sie zwei Schutzmaßnahmen, die ein Maurer im Umgang mit Löschkalk beachten muss.   3
– Entwickeln Sie die Reaktionsgleichung für die Reaktion c.   2

2.2 Die thermische Zersetzung von Kalkstein zu Branntkalk kann durch folgende Reaktionsgleichung dargestellt werden:

$CaCO_3 \longrightarrow CaO + CO_2$

– Berechnen Sie den Bedarf an Kalkstein für eine Tagesproduktion von 140 t Branntkalk.   4

2.3 Calciumcarbonat ist auch ein ungewollter Begleiter im Haushalt. So setzt sich Calciumcarbonat als Kesselstein z. B. in Wasserkochern, Kaffeemaschinen und an Armaturen ab.
– Geben Sie den Grund für die Bildung von Kesselstein an.   1
– Nennen Sie zwei nachteilige Auswirkungen des Auftretens von Kesselstein.   1
– Mit welchem „Hausmittel" kann Kesselstein chemisch beseitigt werden?   1

2.4 Experiment:
Kalkdüngemittel können Calciumcarbonat $CaCO_3$ und Calciumhydroxid $Ca(OH)_2$ enthalten.
Überprüfen Sie experimentell, ob für die vorliegende Stoffprobe diese Aussage zutrifft.
– Planen und notieren Sie die Schrittfolge für Ihr experimentelles Vorgehen.   2

- Legen Sie den Plan dem Lehrer vor und fordern Sie die notwendigen Chemikalien an. 2
- Führen Sie die Experimente durch. 1
- Notieren Sie Ihre Beobachtungen. 1
- Formulieren Sie das Ergebnis Ihrer Untersuchungen. 1
- Beschreiben Sie eine Möglichkeit, wie das bei einem der Experimente entstehende Gas nachgewiesen werden kann. $\underline{2}$

$\overline{25}$

Lösungen

2.1 Vorgänge des Kalkkreislaufes:
a) Kalkbrennen
b) Kalklöschen
c) Abbinden des Kalkmörtels

Im **kontinuierlichen Arbeitsprinzip** werden die Ausgangsstoffe ständig (ununterbrochen) in Reaktionsprodukte umgewandelt. Es wird gewährleistet, dass alle in einer chemischen Apparatur ablaufenden chemischen Reaktionen nicht unterbrochen werden. Für dieses Prinzip spricht, dass eine rationelle Energieauslastung möglich wird. Durch die ständige Verbrennung von Koks (exotherm) kann ständig Kalkstein gebrannt werden (endotherm).

Schutzmaßnahmen im Umgang mit Löschkalk:
Beim Umgang mit Löschkalk sind Augen und Haut zu schützen, z. B. durch eine Schutzbrille, Gummihandschuhe und entsprechender Arbeitsschutzbekleidung. Löschkalk ist ein Metallhydroxid und verursacht Verätzungen dieser Organe. Daher sind solche Schutzmaßnahmen unbedingt einzuhalten.

Reaktionsgleichung:

$Ca(OH)_2 + CO_2 \longrightarrow CaCO_3 + H_2O$

2.2 gesucht: m_1 (Kalkstein)   gegeben: m_2 (Branntkalk) = 140 t
n_1 = 1 mol n_2 = 1 mol

$M_1 = 100 \; \dfrac{g}{mol}$ $M_2 = 56 \; \dfrac{g}{mol}$

Lösung: $\dfrac{m_1}{m_2} = \dfrac{n_1 \cdot M_1}{n_2 \cdot M_2}$

Einsetzen/Umformen:

$$m_1 = \frac{1\,\text{mol} \cdot 100\,\frac{g}{mol}}{1\,\text{mol} \cdot 56\,\frac{g}{mol}} \cdot 140\,t$$

Ergebnis:

$\underline{\underline{m_1 = 250\,t}}$

250 Tonnen Kalkstein sind täglich erforderlich.

2.3 – Wird hartes Wasser erhitzt, setzt sich im Gefäß schwer lösliches Calciumcarbonat ab. Dieser Stoff wird dann als Kesselstein oder Wasserstein bezeichnet.

– **nachteilige Auswirkungen:**
höherer Energieaufwand durch Wärmeverluste,
Verstopfungen von Rohrleitungen,
höherer Verschleiß bei z. B. Kaffeeautomaten und Waschmaschinen.

Man kann Kesselstein z. B. mit Essigsäure oder Citronensäure beseitigen.

2.4 Es sind zwei Experimente erforderlich. Im Teilexperiment 1 wird z.b. die Substanzprobe auf einem Uhrglas mit Salzsäure versetzt, um auf Carbonat-Ionen zu prüfen. Das zweite Experiment kann ähnlich erfolgen, indem die Substanz mit feuchtem Unitestpapier berührt wird, um auf Hydroxid-Ionen zu prüfen.

Beobachtungen:

Teilexperiment 1: Substanzprobe schäumt auf durch Gasentwicklung
Teilexperiment 2: Feuchtes Unitestpapier wird blau.

Untersuchungsergebnisse:
Bei der vorliegenden Stoffprobe eines Kalkdüngemittels handelt es sich um ein Gemisch aus Calciumcarbonat und Calciumhydroxid, denn die im Plan genannten Ionen konnten nachgewiesen werden. Die Aussage in der Aufgabenstellung trifft somit zu.

Nachweismöglichkeit des entstehenden Gases:
Das entstehende Kohlenstoffdioxidgas wird durch Kalk- oder Barytwasser geleitet. Es bildet sich ein weißer Niederschlag von schwer löslichem Calcium- bzw. Bariumcarbonat.

Realschulabschluss 1999 Chemie (Sachsen)
Wahlaufgabe 3: Kohlenwasserstoffe

	BE

3.1 Benennen Sie die Stoffe mit den Formeln: 2
   a) C_2H_6
   b) $CH_2=CH_2$
   c) CH_3COOH
   d) CH_4
   - Welche der Stoffe sind Kohlenwasserstoffe?   1
   - Begründen Sie Ihre Entscheidung.   1
   - Geben Sie für den Stoff mit der Formel CH_4 zwei natürliche Vorkommen an.   1

3.2 Experiment:

Weisen Sie experimentell nach, dass beim Verbrennen eines Kohlenwasserstoffs Kohlenstoffdioxid freigesetzt wird.
   - Fordern Sie das Nachweismittel für Kohlenstoffdioxid schriftlich an.   1
   - Führen Sie das Experiment durch (siehe Skizze).   1

a) Spülen Sie den Erlenmeyerkolben mit wenig Nachweismittel aus.

b) Entzünden Sie eine geringe Menge des flüssigen Kohlenwasserstoffs (Petroleumbenzin) auf dem Verbrennungslöffel. Geben Sie diesen in den vorbereiteten Erlenmeyerkolben, ohne ihn fest zu verschließen.

   - Notieren Sie Ihre Beobachtungen und werten Sie diese aus.   1
   - Entwickeln Sie die Reaktionsgleichung für den Nachweis des Kohlenstoffdioxids.   2
   - Geben Sie ein weiteres Verbrennungsprodukt eines Kohlenwasserstoffs an.   1

3.3 Ethen ist ein Ausgangsstoff für die Kunststoffherstellung.
- Nennen Sie den Kunststoff, der durch Polymerisation von Ethen hergestellt wird. 1
- Geben Sie für diesen Kunststoff zwei Eigenschaften an. Leiten Sie daraus eine Verwendung ab. 2
- Nennen Sie zwei weitere Kunststoffe. 1

3.4 Berechnen Sie die Masse an Ethanol, die benötigt wird, um 1 Liter Ethen darzustellen.
$C_2H_5OH \longrightarrow C_2H_4 + H_2O$ 4

3.5 Erdöl ist ein Gemisch aus flüssigen Kohlenwasserstoffen.
- Nennen Sie zwei Fraktionen, die beim Destillieren von Erdöl entstehen. 2
- Geben Sie für eine Fraktion eine Verwendung an. 1

3.6 Erdöl gehört zu den fossilen Brennstoffen.
- Nennen Sie einen weiteren fossilen Brennstoff. 1

Der Einsatz von Erdöl und Erdölprodukten ist auch mit Umweltproblemen verbunden.
- Erläutern Sie diese Aussage an zwei Beispielen. $\underline{2}$
25

Lösungen

3.1 a) C_2H_6 Ethan
b) $CH_2=CH_2$ Ethen
c) CH_3COOH Ethansäure
d) CH_4 Methan

Kohlenwasserstoffe sind Ethan, Ethen und Methan, weil sie nur aus den Elementen Kohlenstoff und Wasserstoff bestehen.

natürliche Vorkommen des Methans:
Methan ist Hauptbestandteil des Erdgases, tritt als Sumpf- und Grubengas in Erscheinung.

3.2 **Nachweismittel:** Kalk- oder Barytwasser

Beobachtungen:
Kalk- oder Barytwasser trübt sich. Es entsteht ein weißer Niederschlag an der Wand und am Boden des Erlenmeyerkolbens.

Reaktionsgleichung für den Nachweis des Kohlenstoffdioxids:

$Ca(OH)_2 + CO_2 \longrightarrow CaCO_3 + H_2O$

$Ba(OH)_2 + CO_2 \longrightarrow BaCO_3 + H_2O$

Als weiteres Verbrennungsprodukt eines KW entsteht Wasser. Bei der unvollständigen Verbrennung kann auch Kohlenstoffmonooxid oder Kohlenstoff in Form von Ruß gebildet werden.

3.3 Aus Ethen entsteht durch Polymerisation **Polyethylen** (PE).
PE ist z. B. relativ bruchsicher und leicht, deshalb eignet es sich gut zur Herstellung von Wassereimern.

3.4 **gesucht:** m_1 (Ethanol)   **gegeben:** V_2 (Ethen) = 1 ℓ
     n_1 = 1 mol n_2 = 1 mol
     $M_1 = 46 \ \frac{g}{mol}$ $V_m = 22{,}4 \ \frac{\ell}{mol}$

Lösung: $\dfrac{m_1}{V_2} = \dfrac{n_1 \cdot M_1}{n_2 \cdot V_m}$

Einsetzen / Umformen:

$m_1 = \dfrac{1 \ mol \cdot 46 \ \frac{g}{mol}}{1 \ mol \cdot 22{,}4 \ \frac{\ell}{mol}} \cdot 1 \ \ell$

Ergebnis:

$\underline{\underline{m_1 = 2{,}05 \ g}}$ (gerundeter Wert)

Um 1 Liter Ethen herzustellen sind 2,05 Gramm Ethanol erforderlich.

3.5 **Rohbenzine** und **Schmieröl** sind Fraktionen der Erdöldestillation.

Verwendung:
Rohbenzine dienen als Lösungsmittel und Vergaserkraftstoff.

3.6 Weitere fossile Brennstoffe sind z. B. Stein- oder Braunkohle, auch Erdgas.

Umweltprobleme beim Einsatz von Erdöl und Erdölprodukten:
– Bei einem Tankerunglück kann Erdöl auslaufen und in das Meer gelangen. Das Gefieder von Seevögeln verklebt und sie müssen jämmerlich zugrunde gehen. Strände werden ebenfalls in Mitleidenschaft gezogen.
– Durch die Verbrennung fossiler Brennstoffe werden große Mengen Kohlenstoffdioxid durch den Menschen auf einmal in der Atmosphäre freigesetzt. Das führte zur Störung des Kohlenstoffdioxidkreislaufs in der Natur und zur Verstärkung des Treibhauseffektes. Die Wärmestrahlung der Sonne kann die Erde durch die Atmosphäre nicht ungehindert verlassen, weil ein Teil davon durch das Kohlenstoffdioxid (und andere Treibhausgase) erdwärts reflektiert wird. Als Folge ist zu befürchten, dass sich die Jahresmitteltemperaturen auf der Nordhalbkugel der Erde weiter erhöhen werden.

Realschulabschluss 1999 Chemie (Sachsen)
Wahlaufgabe 4: Metalle und Metalloxide

	BE

4.1 Metalle leiten den elektrischen Strom
- Beschreiben Sie den Bau der Metalle. — 2
- Begründen Sie die elektrische Leitfähigkeit der Metalle — 1
- Nennen Sie zwei weitere Eigenschaften aller Metalle. — 1
- Leiten Sie für Gold **oder** Kupfer zwei Verwendungsmöglichkeiten aus deren Eigenschaften ab. — 2

4.2 Das Verbrennen von Magnesium ist eine chemische Reaktion.
- Entwickeln Sie die Reaktionsgleichung. — 2
- Erläutern Sie ein Merkmal chemischer Reaktionen an diesem Beispiel. — 2

4.3 Experiment:
In den Reagenzgläsern A und B befinden sich Magnesiumoxid bzw. Magnesiumcarbonat.
Ermitteln Sie mithilfe von Wasser und Universalindikator, in welchem Reagenzglas sich Magnesiumoxid befindet.
- Führen Sie das Experiment durch und notieren Sie Ihre Beobachtungen. — 1
- Werten Sie Ihre Beobachtungen aus. — 1
- Entscheiden Sie, in welchem der Reagenzgläser sich das Magnesiumoxid befand.
- Begründen Sie die beobachtete Veränderung mithilfe des Periodensystems der Elemente. — 1

4.4 Roheisen wird im Hochofen aus Eixenoxid gewonnen. Dabei findet auch folgende chemische Reaktion statt:

$$Fe_2O_3 + 3\,CO \longrightarrow 2\,Fe + 3\,CO_2$$

- Welche Funktion hat das Kohlenstoffmonooxid bei dieser Reaktion? — 1
- Berechnen Sie die Masse an Eisen(III)-oxid Fe_2O_3, die zur Herstellung von 168 Tonnen Eisen reagieren muss. — 4
- Nennen Sie zwei Arbeitsprinzipien beim Hochofenprozess. Erläutern Sie eines davon. — 2

4.5 Das im Hochofen gewonnene Roheisen wird zum größten Teil zu Stahl weiterverarbeitet.
- Geben Sie zwei Unterschiede von Roheisen (Gusseisen) und Stahl an. — 2
- Nennen und begründen Sie zwei Maßnahmen, Gegenstände aus Stahl bzw. Eisen vor dem Rosten zu schützen. — 2

———
25

Lösungen

4.1 Bau der Metalle:
Metalle bilden im festen Zustand Metallkristalle aus. Die darin regelmäßig angeordneten Metallatome besitzen nur wenige Außenelektronen. Die Bindungsart im Metall wird Metallbindung genannt.

elektrische Leitfähigkeit:
Die beweglichen Außenelektronen (Elektronengas) der Atome sind die Ladungsträger, die die gute elektrische Leitfähigkeit der Metalle gewährleisten.

Zwei weitere Eigenschaften der Metalle sind Wärmeleitfähigkeit und metallischer Glanz.

	Eigenschaften	Verwendung
Gold	metallischer Glanz	Herstellung von Schmuck, z. B. Ringe
	sehr gute elektrische Leitfähigkeit	Herstellung von Leiterplatten, z. B. für die Autoindustrie
Kupfer	gute elektrische Leitfähigkeit	Herstellung von Drähten und Kabeln
	guter Wärmeleiter	Rohre für die Wärmetechnik

4.2 Reaktionsgleichung:
$$2\,Mg + O_2 \longrightarrow 2\,MgO$$

Merkmale einer chemischen Reaktion:

– Stoffumwandlung (beobachtbar)

   Mg: silberglänzendes Metall,
   O_2: farbloses und gasförmiges Nichtmetall,
   MgO: weißes Pulver

   Es entsteht ein neuer Stoff mit anderen Eigenschaften.

– Teilchenveränderung (nicht beobachtbar)

2 Mg	+	O_2	$\longrightarrow$	2 MgO
2 Atome	+	1 Molekül	$\longrightarrow$	2 Baueinheiten
Metallbindung		Atombindung		Ionenbindung

4.3 Durchführung und Beobachtungen:
Universalindikatorlösung verfärbt sich in beiden Fällen blau. Eine Abstufung ist aber deutlich erkennbar (pH 11 bzw. 9).

Auswertung:
In beiden Fällen bildet sich eine basische Lösung. Durch die Blaufärbung werden Hydroxid-Ionen nachgewiesen.

Ergebnis:
Es kann davon ausgegangen werden, dass sich das MgO in dem Reagenzglas mit dem höheren pH-Wert befindet. Einige Metalloxide bilden nämlich mit Wasser Metallhydroxidlösungen. Magnesiumoxid ist ein derartiges Metalloxid.

Begründung:
Oxide von Elementen der I. und II. Hauptgruppe können mit Wasser zu Metallhydroxidlösungen reagieren. Der blaue Hintergrund im Kästchen des Magnesiums mit der Ordnungszahl 12 ist eine Begründung bzw. Voraussage für diese chemische Eigenschaft des Magnesiumoxids.

Anmerkung zum Experiment:
Dadurch, dass Magnesiumcarbonat mit Wasser ebenfalls eine basische Lösung bildet, wird die Identifizierung von Magnesiumoxid erschwert. Anstelle von Magnesiumcarbonat führt der Einsatz von Magnesiumsulfat zu einem eindeutigen Ergebnis. Basenkonstanten, die hier für die Auswertung des Experiments notwendig wären, sind Gegenstand der Abiturstufe.

4.4 Kohlenstoffmonooxid dient beim Hochofenprozess als **Reduktionsmittel**.

Arbeitsprinzipien beim Hochofenprozess:
kontinuierliche und periodische (diskontinuierliche Arbeitsweise)
Periodische Arbeitsweise bedeutet, dass in bestimmten Zeitabständen bestimmte Arbeitsgänge wiederholt werden. Das Beschicken des Hochofens mit festen Ausgangsstoffen sowie der Abstich von Roheisen und Schlacke erfolgt auf diese Art und Weise.

gesucht: $m_1(Fe_2O_3)$ **gegeben:** $m_2(Fe) = 168\ t$
$n_1 = 1\ mol$ $n_2 = 2\ mol$
$M_1 = 160\ \frac{g}{mol}$ $M_2 = 56\ \frac{g}{mol}$

Lösung: $\dfrac{m_1}{m_2} = \dfrac{n_1 \cdot M_1}{n_2 \cdot M_2}$

Einsetzen / Umformen:

$$m_1 = \frac{1\ mol \cdot 160\ \frac{g}{mol}}{2\ mol \cdot 56\ \frac{g}{mol}} \cdot 168\ t$$

Ergebnis:

$\underline{\underline{m_1 = 240\ t}}$ (gerundeter Wert)

Um 168 Tonnen Eisen herzustellen sind 240 Tonnen Eisen(III)-oxid erforderlich.

4.5

	Roheisen	Stahl
Unterschiede	C-Gehalt > 2 %	C-Gehalt < 2 %
Eigenschaften	brüchig, nicht schmiedbar	elastisch und schmiedbar
Maßnahme	Zusatz von Legierungsbestandteilen	Auftragen eines Farbanstrichs
Begründung	Entstehung von Edelstählen mit besonderen Eigenschaften, z. B. nichtrostend	Verhinderung von Luft- und Wasserzutritt

Realschulabschluss 2000 Chemie (Sachsen)
Pflichtaufgabe 1: Stoffe – Teilchen – Chemische Reaktionen

BE

1.1 Ihnen wird folgendes Experiment demonstriert:
Eine Lösung wird mit einem Indikator versetzt.
- Geben Sie an, welcher Indikator vermutlich zugesetzt wurde.   1
- Schließen Sie von der Farbe des Indikators in der Lösung auf vorhandene Teilchen und die Eigenschaft der vorgegebenen Lösung.   2

Zu der mit dem Indikator versetzten Lösung wird tropfenweise eine farblose Lösung gegeben.
- Notieren Sie Ihre Beobachtungen.   1
- Entwickeln Sie für die chemische Reaktion eine Reaktionsgleichung in Ionenschreibweise.   2
- Formulieren Sie eine Aussage über Teilchenveränderungen bei der chemischen Reaktion.   1
- Wie werden solche chemischen Reaktionen genannt?   1

1.2 Eine Temperaturmessung der Lösungen vor Beginn und während des Experiments ergab einen Anstieg von 10 °C.
- Erläutern Sie dieses Ergebnis mit einem Merkmal chemischer Reaktionen.   2
- Nennen Sie zwei weitere Merkmale chemischer Reaktionen.   1

1.3 Die gezeigte chemische Reaktion hat große praktische Bedeutung.
- Geben Sie Namen und Formeln von zwei Stoffen an, die als Ausgangsstoffe bei der im Experiment demonstrierten chemischen Reaktion miteinander reagieren können.   2
- Erläutern Sie zwei Anwendungsmöglichkeiten dieser chemischen Reaktion.   4

1.4 Ein Element steht in der 3. Periode und in der VI. Hauptgruppe des Periodensystems.
- Geben Sie die Ordnungszahl, den Namen und das Symbol des Elements an.   1
- Leiten Sie drei Aussagen zum Bau seiner Atome ab.   3

1.5 Leiten Sie aus der Stellung des Elements Calcium im Periodensystem Art und Anzahl der elektrischen Ladung des Calcium-Ions ab.   2
Calcium ist ein Metall.
- Nennen Sie zwei typische Metalleigenschaften.   2

                                      25

Lösungen

1.1 Demonstrationsexperiment

Eine Lösung wird mit einem Indikator versetzt!
Vermutlich wurde Unitestlösung zugesetzt.

Beobachtung: z. B. Rotfärbung/Blaufärbung

vorhandene Teilchen: Wasserstoffionen/Hydroxidionen

Eigenschaft der Lösung: sauer/basisch

Zu der mit dem Indikator versetzten Lösung wird tropfenweise eine farblose Lösung gegeben.

Beobachtung:
Der Indikator wird grün!

Reaktionsgleichung in verkürzter Ionenschreibweise:

$H^+ + OH^- \longrightarrow H_2O$

oder ein ausführliches selbstgewähltes Beispiel in Ionenschreibweise, z. B.:

$H^+ + Cl^- + Na^+ + OH^- \longrightarrow H_2O + Na^+ + Cl^-$

Teilchenveränderungen:
Aus Wasserstoffionen und Hydroxidionen werden Wassermoleküle gebildet.

Es handelt sich bei dieser Reaktion um eine **Neutralisation**.

1.2 Die Temperaturmessung bestätigt, dass bei der Neutralisation Wärme frei wird, denn es lässt sich ein Temperaturanstieg um 10 °C messen. Energieumwandlungen sind beobachtbare Merkmale chemischer Reaktionen. Hier wird also chemische Energie in thermische Energie umgewandelt, d. h. die Neutralisation ist eine **exotherme** Reaktion.

Zwei weitere Merkmale chemischer Reaktionen sind Stoffumwandlung und der Umbau chemischer Bindungen.

1.3 **mögliche Ausgangsstoffe:**

Namen	Formeln
Salzsäure	HCl
Natriumhydroxidlösung	NaOH
oder	
Essigsäurelösung	CH_3COOH
Kaliumhydroxidlösung	KOH

Anwendungsmöglichkeiten dieser chemischen Reaktion:
Ein Anwendungsgebiet ist die Umwandlung basischer bzw. saurer Industrieabwässer in neutrale Lösungen. Diese Maßnahme dient in erster Linie dem Gewässerschutz, denn die meisten Fische und Pflanzen können nur bei pH-Werten um den Neutralbereich (pH ≈ 7) leben.
Eine umweltschädigende Lösung ist auch der „Saure Regen". Er bewirkt ein Absinken des pH-Wertes, z. B. dem des Waldbodens. Das hat Folgen für die Wurzeln der Bäume. Die Wasser- und Mineralsalzaufnahme wird behindert bzw. die Wurzeln werden beschädigt. Der Holzertrag geht zurück. Dem Waldboden wird deshalb Kalkdünger verabreicht um durch Neutralisation der Versauerung entgegenzuwirken.

1.4 Ein Element steht in der 3. Periode und in der VI. Hauptgruppe des PSE.

Ordnungszahl: 16
Name: Schwefel
Symbol: S

Stellung im PSE	Bau des Schwefelatoms
Ordnungszahl 16	16 Protonen im Atomkern *und* 16 Elektronen in der Atomhülle
3. Periode	3 besetzte Elektronenschalen
VI. Hauptgruppe	6 Außenelektronen

1.5. **Ableiten von Angaben aus dem PSE für das Element Calcium:**
Das Calciumion ist zweifach positiv elektrisch geladen.

Begründung:
Das Element Calcium steht in der II. Hauptgruppe. Also hat das Calciumatom 2 Außenelektronen die z. B. bei einer Reaktion mit Elektronenübergang abgegeben werden können.
Somit besitzt das Calciumion 20 Protonen im Kern (20 · ⊕), aber nur noch 18 Elektronen in der Hülle (18 · ⊖). Aus der Differenz von Protonen- und Elektronenzahl resultiert Art und Anzahl der elektrischen Ladung des Calciumions mit dem Symbol Ca^{2+}.

zwei typische Metalleigenschaften:
metallischer Glanz und Stromleitfähigkeit.

Realschulabschluss 2000 Chemie (Sachsen)
Wahlaufgabe 2: Luft – ein Stoffgemisch

BE

2.1 Sauerstoff ist ein wichtiger Bestandteil der Luft. Folgendes Experiment veranschaulicht diese Tatsache.
- Betrachten Sie die Abbildungen und notieren Sie die Unterschiede. 2

a) Luft, Verbrennungslöffel, Kerze, Wasser, Gummistücke
b) Gasmessglocke, Restluft

- Begründen Sie die Veränderungen. 2

2.2 Experiment:
- Beschreiben Sie den Nachweis von Sauerstoff. 2
- Stellen Sie mithilfe der bereitgestellten Chemikalien und Geräte Sauerstoff dar und führen Sie den Nachweis durch. 2
- Werten Sie Ihre Beobachtung aus. 1

2.3 Sauerstoff ist ein Gas.
- Schreiben Sie das chemische Zeichen für das Gas Sauerstoff auf. 1
- Geben Sie an, aus welchen Teilchen Sauerstoff aufgebaut ist. 1
- Nennen Sie zwei weitere Stoffe, die ähnlich wie Sauerstoff aufgebaut sind. 1
- Notieren Sie vier Eigenschaften und zwei Verwendungen des Sauerstoffs. 3

2.4 Kohlenstoffdioxid ist ein weiterer Bestandteil der Luft. Es entsteht z. B. bei der Verbrennung von Methan, dem Hauptbestandteil des Erdgases.
- Entwickeln Sie die Reaktionsgleichung für die vollständige Verbrennung von Methan. 2

Verbrennungsprodukte können auch Luftschadstoffe sein.
- Benennen Sie einen Luftschadstoff und erläutern Sie eine mögliche Auswirkung auf die Umwelt. 3
- Geben Sie zwei Möglichkeiten an, wie die Schadstoffbelastung der Luft eingeschränkt werden kann. 1

2.5 Stickstoff ist Hauptbestandteil der Luft. Viele Stickstoffverbindungen, so z. B. Ammoniumnitrat, werden als Düngemittel eingesetzt.
- Berechnen Sie die Masse an Ammoniumnitrat, die bei der chemischen Reaktion von 1 000 Litern Ammoniak mit Salpetersäure entstehen kann.

$NH_3 + HNO_3 \longrightarrow NH_4NO_3$ 4

25

Lösungen

2.1 Das dargestellte Experiment verdeutlicht, dass Sauerstoff ein wichtiger Bestandteil der Luft ist.

Unterschiede:

	a)	b)
1.	Die Kerze brennt.	Die Kerze ist erloschen.
2.	Die Wasserstände in der pneumatischen Wanne und in der Gasmessglocke sind gleich.	Der Wasserstand stieg in der Glocke an und sank in der Wanne ab.

Begründung:

	a)	b)
1.	Da Sauerstoff Bestandteil der Luft ist und Luft die Verbrennung unterhält, brennt die Kerze solange bis der Sauerstoffanteil in diesem Luftvolumen verbraucht ist.	Die Restluft besteht hauptsächlich aus Stickstoff. Die Kerze geht aus, weil Stickstoff die Flamme erstickt.
2.	Zu Beginn der chemischen Reaktion ist noch kein Sauerstoff als Ausgangsstoff dieser Oxidation verbraucht worden. Das geschieht erst mit fortschreitender Zeit. Daher gibt es noch keine Veränderungen des Wasserspiegels.	Je länger die Kerze brennt desto mehr Sauerstoff wird verbraucht. Dadurch verringert sich das Gasvolumen und das Wasser wird in die Glocke hineingesogen.

2.2 **Nachweis von Sauerstoff:**
Von einem z. B. mit Sauerstoff gefüllten Reagenzglas wird der Gummistopfen entfernt. In das mit der Öffnung nach oben stehende Reagenzglas wird ein glimmender Holzspan eingetaucht. Wenn Sauerstoff enthalten ist, dann entflammt der Holzspan. Diesen Nachweis nennt man **Spanprobe**.

Darstellung von Sauerstoff mithilfe der bereitgestellten Geräte und Chemikalien und Durchführung des Nachweises.

Mögliche Versuchsanordnung zur Sauerstoffdarstellung:

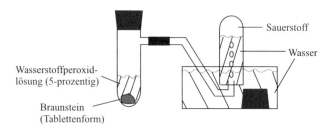

Auswertung:
Wasserstoffperoxid wird durch Braunstein (Katalysator) in Wasser und Sauerstoff zerlegt.
Das im Reagenzglas durch Wasserverdrängung aufgefangene Gas war Sauerstoff. Der glimmende Holzspan entflammte wieder, weil Sauerstoff die Verbrennung fördert.

2.3 Sauerstoff ist ein Gas.

chemisches Zeichen: O_2

vorhandene Teilchen:
Sauerstoff ist aus zweiatomigen Molekülen aufgebaut.
Ähnlich sind Stickstoff und Wasserstoff aufgebaut.
Sauerstoff ist ein farb- und geruchloses Gas. Er löst sich zu einem bestimmten Anteil in Wasser.
Er wird zum autogenen Schweißen verwendet und in Beatmungsgeräten eingesetzt.

2.4 Kohlenstoffdioxid ist ein weiterer Bestandteil der Luft.

Reaktionsgleichung:

$$CH_4 + 2\,O_2 \longrightarrow CO_2 + 2\,H_2O$$

Ein Luftschadstoff, der bei Verbrennungen entstehen kann, ist Schwefeldioxid.
Es reagiert mit Regenwasser unter Bildung einer sauren Lösung, der schwefligen Säure. Diese ist Bestandteil des „Sauren Regens".
Er führt zu einer zunehmenden Versauerung des Bodens, wodurch an der Pflanze Schädigungen der Wurzeln auftreten. Das ist eine Ursache für das Waldsterben.

zwei Möglichkeiten:
– Einschränkung des Schadstoffausstoßes bei Kraftfahrzeugen durch Begrenzung der zulässigen Höchstgeschwindigkeit, regelmäßige Durchführung des Abgastests „AU" und Einbau bzw. Nachrüstung von geregelten Katalysatoren mit hohem Wirkungsgrad.
– Entfernung von Schwefeldioxid aus Rauchgasen von Industrieanlagen, z. B. durch Neutralisation mit kalkhaltigen basischen Lösungen.

2.5 **gesucht:** $m_1\,(NH_4NO_3)$ **gegeben:** $V_2\,(NH_3) = 1\,000\,\ell$
$n_1 = 1\,mol$ $n_2 = 1\,mol$
$M_1 = 80{,}0\,\dfrac{g}{mol}$ $V_m = 22{,}4\,\dfrac{\ell}{mol}$

Lösung: $\dfrac{m_1}{V_2} = \dfrac{n_1 \cdot M_1}{n_2 \cdot V_m}$

Einsetzen/Umformen:

$$m_1 = \dfrac{1\,mol \cdot 80{,}0\,\frac{g}{mol}}{1\,mol \cdot 22{,}4\,\frac{\ell}{mol}} \cdot 1\,000\,\ell$$

Ergebnis:

$\underline{\underline{m_1 = 3\,571\,g}}$ (gerundet)

Aus 1 000 ℓ Ammoniak können 3 571 g Ammoniumnitrat hergestellt werden.

Realschulabschluss 2000 Chemie (Sachsen)
Wahlaufgabe 3: Organische Stoffe

BE

3.1 Experiment:
Sie erhalten die zwei weißen Feststoffe Glucose (Traubenzucker) und Stärke in mit A und B gekennzeichneten Reagenzgläsern.
– Schlagen Sie ein Experiment zur Unterscheidung der beiden Stoffe vor und fordern Sie die benötigten Materialien an. Notieren Sie Ihre Überlegungen und führen Sie das Experiment durch. 3
– Notieren Sie Ihre Beobachtungen. 1
– Werten Sie die Beobachtungen aus. Geben Sie an, in welchem Reagenzglas sich die Glucose befindet. 1
– Beschreiben Sie eine weitere Möglichkeit zum Unterscheiden der Stoffe. 2

3.2 Glucose wird bei der Fotosynthese gebildet. Dafür kann folgende Reaktionsgleichung angegeben werden:

$6\,CO_2 + 6\,H_2O \longrightarrow C_6H_{12}O_6 + 6\,O_2$

– Berechnen Sie die Masse an Glucose, die aus 500 Litern Kohlenstoffdioxid entstehen kann. 4

3.3 Glucose gehört zur Nährstoffgruppe der Kohlenhydrate.
– Nennen Sie die zwei anderen Nährstoffgruppen, die für die Ernährung des Menschen wichtig sind. 2
– Geben Sie für zwei Nährstoffgruppen die Namen der jeweiligen Grundbausteine an. 2

3.4 Organische Stoffe sind durch bestimmte Strukturmerkmale gekennzeichnet.

a) $\begin{array}{c} H \\ \end{array} \!\!\!\! C\!=\!C \!\!\!\! \begin{array}{c} H \\ \end{array}$ mit H oben und unten

b) $H\!-\!\overset{H}{\underset{H}{C}}\!-\!\overset{H}{\underset{H}{C}}\!-\!H$

c) $H\!-\!\overset{H}{\underset{H}{C}}\!-\!C\!\!\overset{O}{\underset{O-H}{\diagup\!\!\diagdown}}$

d) $H\!-\!\overset{H}{\underset{H}{C}}\!-\!\overset{H}{\underset{H}{C}}\!-\!O\!-\!H$

– Übernehmen Sie die Formeln in Ihre Arbeit und kennzeichnen Sie jeweils das bestimmende Strukturmerkmal. 2
– Erfassen Sie in einer Tabelle von den unter a) und c) aufgeführten Stoffen den Namen des Stoffes, den Namen des Strukturmerkmals und den Namen der Stoffklasse. 4

3.5 Mehrfachbindungen in Molekülen können mit Bromwasser (Br_2) nachgewiesen werden.
– Entwickeln Sie die Reaktionsgleichung für die chemische Reaktion von Ethen und Bromwasser. 2
– Beschreiben Sie die Veränderungen der Teilchen und der chemischen Bindungen bei dieser chemischen Reaktion. 2

25

Lösungen

3.1 **Unterscheidung von Glucose und Stärke.**
Im Reagenzglasversuch können beide Stoffe mit Wasser versetzt werden. Es wird also ihre Wasserlöslichkeit untersucht, die im Zusammenhang mit den Molekülgrößen der beiden Stoffe steht.

Beobachtungen:
Der weiße Feststoff mit der Bezeichnung A z. B. löst sich in Wasser, B dagegen nicht.

Auswertung:
Glucose ist wasserlöslich, Stärke dagegen löst sich nicht. Die Ursache ist in den Molekülgrößen beider Stoffe zu suchen. Die Stärkemoleküle gehören zu den Riesenmolekülen, auch Makromoleküle genannt. Dies bedingt, dass sich die Stärke nicht im Wasser löst.
Da die Glucose Grundbaustein der Stärke ist, sind Glucosemoleküle wesentlich kleiner und lösen sich daher gut in Wasser.
Glucose befindet sich im Beispiel also auf Uhrglas A, Stärke auf Uhrglas B.

Eine weitere Möglichkeit der Unterscheidung:
Man tropft auf die Festsubstanzen Iodkaliumiodidlösung. Diejenige Substanz, die sich blau bis schwarz verfärbt ist die Stärke. Das Reaktionsprodukt **Iodstärke** macht die Farbigkeit aus.

2.5 **gesucht:** m_1 ($C_6H_{12}O_6$) **gegeben:** V_2 (CO_2) = 500 ℓ
n_1 = 1 mol $\qquad n_2$ = 6 mol
$M_1 = 180 \, \frac{g}{mol} \qquad V_m = 22{,}4 \, \frac{\ell}{mol}$

Lösung: $\dfrac{m_1}{V_2} = \dfrac{n_1 \cdot M_1}{n_2 \cdot V_m}$

Einsetzen / Umformen:

$$m_1 = \frac{1 \, mol \cdot 180 \, \frac{g}{mol}}{6 \, mol \cdot 22{,}4 \, \frac{\ell}{mol}} \cdot 500 \, \ell$$

Ergebnis:
$\underline{\underline{m = 670 \, g}}$ (gerundet)

Aus 500 ℓ Kohlenstoffdioxid entstehen 670 g Glucose.

3.3 Glucose gehört zur Nährstoffgruppe der Kohlenhydrate.

Zwei andere Nährstoffgruppen:
Eiweiße und Fette

Grundbausteine der Eiweiße sind die Aminosäuren.
Grundbausteine der Fette sind die Fettsäuren und das Glycerol.

3.4 Organische Stoffe und ihre bestimmenden Strukturmerkmale.

Kennzeichnung des bestimmenden Strukturmerkmals:

a) H₂C=CH₂ (Doppelbindung markiert)

b) H₃C—CH₃ (Einfachbindung markiert)

c) H₃C—COOH (Carboxylgruppe markiert)

d) H₃C—CH₂—OH (Hydroxylgruppe markiert)

Tabelle (Angaben für alle vier Stoffe):

	Name	Strukturmerkmal	Stoffklasse
a)	Ethen	Doppelbindung	Alkene
b)	Ethan	Einfachbindung	Alkane
c)	Ethansäure	Carboxylgruppe	Alkansäuren
d)	Ethanol	Hydroxylgruppe	Alkanole

3.5 Nachweis von Mehrfachbindungen mit Bromwasser (Br_2).

Reaktionsgleichung (nur mit Strukturformeln):

$$H_2C=CH_2 + |\overline{Br}-\overline{Br}| \longrightarrow |\overline{Br}-CH_2-CH_2-\overline{Br}|$$

Reaktionsgleichung mit Summenformeln:

$$C_2H_4 + Br_2 \longrightarrow C_2H_4Br_2$$

Beschreibung der Teilchenveränderungen:
Aus zwei Molekülen der Ausgangsstoffe bildet sich ein Molekül des Reaktionsproduktes. Voraussetzung ist, dass ein Molekül der beiden Ausgangsstoffe eine Mehrfachbindung besitzt.

Beschreibung der Veränderung chemischer Bindungen:
Die Doppelbindung im Ethenmolekül wird gespalten. An jedes C-Atom im Ethenmolekül kann sich dann eines der beiden Bromatome des Brommoleküls anlagern. Das entstehende Molekül besitzt dann zwischen den beiden C-Atomen nur noch eine Einfachbindung. C-Atom und Brom-Atom sind ebenfalls durch Einfachbindung verbunden.

Realschulabschluss 2000 Chemie (Sachsen)
Wahlaufgabe 4: Salzartige Stoffe

BE

4.1 Experiment:
Sie erhalten ein Sulfat und ein Chlorid als Feststoffe in mit A und B gekennzeichneten Reagenzgläsern.
- Planen Sie ein Experiment, mit dem Sie das Sulfat herausfinden können. 2
- Legen Sie den Plan dem Lehrer vor und führen Sie das Experiment durch. 1
- Notieren Sie Ihre Beobachtungen. 1
- Entwickeln Sie die Reaktionsgleichung in Ionenschreibweise für den von Ihnen durchgeführten Nachweis. 2
- Geben Sie an, in welchem Reagenzglas sich das Sulfat befand. 1

4.2 In einer Lösung befinden sich folgende Ionen:

Cl^-, SO_4^{2-}, Mg^{2+}, Na^+, OH^-, K^+

- Notieren Sie Namen und Formeln von vier Stoffen, die möglicherweise gelöst wurden. 4
- Begründen Sie, warum diese Lösung den elektrischen Strom leiten würde, die jeweiligen Feststoffe hingegen nicht. 2

4.3 Bei der chemischen Reaktion von unedlen Metallen mit Säurelösungen können Salzlösungen entstehen.
- Beschreiben Sie eine Möglichkeit, aus der Salzlösung den Feststoff zu gewinnen. 2
- Berechnen Sie die Masse an Calciumchlorid, die bei der chemischen Reaktion von 3 Gramm Calcium mit Salzsäure gebildet werden könnte. 4

$Ca + 2\,HCl \longrightarrow CaCl_2 + H_2$

4.4 Die gute Löslichkeit vieler salzartiger Stoffe ist eine Voraussetzung für deren Verwendung.
- Belegen Sie diese Aussage an drei Beispielen aus dem Alltag. 3

4.5 Chemische Bindung.
- Nennen Sie die Art der chemischen Bindung, die in salzartigen Stoffen vorliegt. 1
- Geben Sie an, worauf der Zusammenhalt der Teilchen dieser Stoffe beruht. 1
- Nennen Sie eine weitere Art der chemischen Bindung. $\underline{1}$

25

Lösungen

4.1 Identifizierung des Sulfats.

Planung:
Es werden jeweils Lösungen von den Feststoffen in den Reagenzgläsern A und B hergestellt.
Als Nachweismittel für Sulfationen ist Bariumchloridlösung anzufordern (a).
Eine weitere Variante wäre mit Silbernitratlösung die Chloridionen nachzuweisen. Das Sulfat müsste sich dann im anderen Reagenzglas befinden (b).

Durchführung nachdem der Lehrer dem Plan zugestimmt hat.

Beobachtungen (angenommene Versuchsvariante):

Nachweismittel	Reagenzglas A	Reagenzglas B
Zugabe von Bariumchloridlösung (a)	Bildung eines weißen Niederschlages	kein Niederschlag
Zugabe von Silbernitratlösung (b)	kein Niederschlag	Bildung eines weißen Niederschlages

Reaktionsgleichung in Ionenschreibweise für den Sulfationennachweis (Variante a), verkürzt:

$$Ba^{2+} + SO_4^{2-} \longrightarrow BaSO_4\downarrow$$

ausführlich: angenommenes Beispiel

$$2\,Na^+ + SO_4^{2-} + Ba^{2+} + 2\,Cl^- \longrightarrow BaSO_4\downarrow + 2\,Na^+ + 2\,Cl^-$$

(Variante b) verkürzt:

$$Ag^+ + Cl^- \longrightarrow AgCl\downarrow$$

ausführlich: angenommenes Beispiel

$$Na^+ + Cl^- + Ag^+ + NO_3^- \longrightarrow AgCl\downarrow + Na^+ + NO_3^-$$

Im Reagenzglas A befand sich das Sulfat.

4.2 In einer Lösung befinden sich Chlorid-, Sulfat-, Magnesium-, Natrium-, Hydroxid- und Kalium-Ionen.

Namen und Formeln von vier möglicherweise gelösten Stoffen (Angaben aller Kombinationsmöglichkeiten):

	SO_4^{2-}		OH^-		Cl^-	
	Formel	Name	Formel	Name	Formel	Name
Mg^{2+}	$MgSO_4$	Magnesium-sulfat	$Mg(OH)_2$	Magnesium-hydroxid	$MgCl_2$	Magnesium-chlorid
Na^+	Na_2SO_4	Natrium-sulfat	$NaOH$	Natrium-hydroxid	$NaCl$	Natrium-chlorid
K^+	K_2SO_4	Kalium-sulfat	KOH	Kalium-hydroxid	KCl	Kalium-chlorid

Begründung:
Diese Lösung leitet den Strom, weil sie bewegliche Ionen als Ladungsträger enthält.
Bei den genannten Feststoffen würde es sich um salzartige Stoffe handeln. Die Ionen als Ladungsträger sind in den entsprechenden Ionenkristallen zwar vorhanden, aber wegen der Ionenbindung an feste Plätze im Kristall gebunden und daher nicht beweglich.

4.3 **Entstehung von Salzlösungen bei Reaktion unedler Metalle mit Säurelösungen:**
Durch Eindampfen der Salzlösung entsteht das Salz als Feststoff z. B. innen an der Reagenzglaswand. Dazu ist es erforderlich die Lösung zum Sieden zu bringen, um das Wasser bei 100 °C zu verdampfen. Die Siedetemperatur von Kochsalz z. B. liegt bei 1 465 °C. Um die Salzlösung in ihre Bestandteile zu zerlegen, werden bei dieser Methode die unterschiedlichen Siedetemperaturen von Salz und Wasser genutzt.

gesucht: $m_1(CaCl_2)$ **gegeben:** $m_2(Ca) = 3$ g
$n_1 = 1$ mol $n_2 = 1$ mol
$M_1 = 111 \frac{g}{mol}$ $M_2 = 40 \frac{g}{mol}$

Lösung: $\frac{m_1}{m_2} = \frac{n_1 \cdot M_1}{n_2 \cdot M_2}$

Einsetzen / Umformen:

$$m_1 = \frac{1\ mol \cdot 111 \frac{g}{mol}}{1\ mol \cdot 40 \frac{g}{mol}} \cdot 3\ g$$

Ergebnis:

$\underline{\underline{m_1 = 8,3\ g}}$ (gerundet)

Aus 3 g Calcium können 8,3 g Calciumchlorid gebildet werden.

4.4 Die gute Löslichkeit vieler salzartiger Stoffe ist eine Voraussetzung für deren Verwendung.

Beispiele aus dem Alltag:
- Natriumchlorid als physiologische Kochsalzlösung in der Medizin
- Kochen von Salzkartoffeln
- Einsatz von Streusalz im Winter
- Ausbringen von Düngesalzen
- Natriumhydroxid als Abflussreiniger

4.5 Chemische Bindung.

Art der chemischen Bindung in salzartigen Stoffen:
Ionenbindung

Im Ionenkristall ziehen sich die Ionen aufgrund ihrer entgegengesetzten Ladungen gegenseitig an und halten sich somit auf ihren Gitterplätzen.

Eine weitere Bindungsart ist die Atombindung.
(Die Metallbindung kann auch genannt werden.)

Realschulabschluss 2001 Chemie (Sachsen)
Pflichtaufgabe 1: Stoffe – Teilchen – Chemische Reaktionen

BE

1.1 Ihnen werden folgende Experimente demonstriert:
In mit A und B gekennzeichneten Bechergläsern befinden sich zwei Stoffproben von verschiedenen farblosen Flüssigkeiten.
Die beiden Stoffproben werden auf elektrische Leitfähigkeit geprüft.
Beide Stoffproben werden mit Universalindikator versetzt.
– Notieren Sie Ihre Beobachtungen. Fertigen Sie dazu eine Tabelle an.
– Werten Sie Ihre Beobachtungen aus. Gehen Sie dabei auch auf den Bau der untersuchten Stoffe ein.

Bei den untersuchten Stoffproben kann es sich um Natriumhydroxidlösung (Natronlauge), Kaliumchloridlösung oder Ethanollösung handeln.
– Geben Sie Namen und Formeln der untersuchten Flüssigkeiten A und B an.
– Begründen Sie Ihre Entscheidung.
– Nennen Sie für den dritten, nicht untersuchten Stoff eine Nachweismöglichkeit und die dabei zu erwartende Beobachtung. 12

1.2 Periodensystem der Elemente und Atombau
– Kennzeichnen Sie die Stellung des Elements Kalium im Periodensystem der Elemente.
– Vergleichen Sie ein Kaliumatom mit einem Kalium-Ion. Geben Sie dabei eine Gemeinsamkeit und drei Unterschiede zwischen diesen Teilchen an.
Begründen Sie einen Unterschied mit der Stellung des Elements Kalium im Periodensystem der Elemente. 7

1.3 Nach dem Experimentieren im Chemieunterricht ist Natriumhydroxidlösung (Natronlauge) sachgerecht zu entsorgen. Bevor die Lösung ins Abwasser gelangt, muss sie neutralisiert werden.
– Nennen Sie einen Stoff, mit dem der Gefahrstoff Natronlauge reagiert, sodass Umweltschäden vermieden werden.
– Entwickeln Sie für diese chemische Reaktion die Reaktionsgleichung. 3

1.4 Ethanol ist Hauptbestandteil von Brennspiritus.
– Nennen Sie die zwei Reaktionsprodukte, die bei der vollständigen Verbrennung von Ethanol entstehen.
– Beschreiben Sie die Energieumwandlung bei dieser chemischen Reaktion. 3
                                                                          25

Lösungen

1.1 Demonstrationsexperiment

Beobachtungstabelle (angenommenes Beispiel):

Beobachtung	A	B
elektrische Leitfähigkeit	Birne leuchtet	Birne leuchtet nicht
Universalindikatorzugabe	Blaufärbung	bleibt grün

Auswertung	A	B
elektrische Leitfähigkeit	leitet den Strom, weil frei bewegliche Ionen vorhanden sind	leitet keinen Strom, weil keine frei beweglichen Ionen vorhanden sind
Universalindikatorzugabe	ist eine basische Lösung, weil Hydroxidionen vorhanden sind	ist eine neutrale Lösung, weil weder Hydroxidionen noch Wasserstoffionen vorhanden sind
Bau der untersuchten Stoffe	gelöste Ionensubstanz/ gelöster salzartiger Stoff	organische Molekülsubstanz z. B. ein Alkanol/Alkohol mit einer Hydroxylgruppe
Namen und Formeln	Natriumhydroxid NaOH	Ethanol C_2H_5OH
Begründung	Natronlauge enthält Hydroxidionen	weil Kaliumchloridlösung ausscheidet; ist zwar auch neutral, leitet aber den Strom

In der Kaliumchloridlösung lassen sich Chloridionen mit Silbernitratlösung nachweisen. Es entsteht ein weißer Niederschlag.

1.2 Das Element Kalium hat die Ordnungszahl 19. (Auch die Hauptgruppen- und Periodennummer kann angegeben werden!)

Vergleich	Kaliumatom	Kaliumion
Gemeinsamkeit	beide besitzen 19 Protonen im Kern	
Unterschiede		
– besetzte Schalen	vier	drei
– Anzahl Elektronen	19	18
– Anzahl Außenelektronen	1	8

Kalium steht in der ersten Hauptgruppe. Das Kaliumatom kann bei einer Reaktion mit Elektronenübergang sein Außenelektron abgeben. Also hat das Kaliumion nur noch 18 Elektronen in seiner Hülle.

1.3 Der Gefahrstoff Natronlauge kann mit Säurelösungen, z. B. Salzsäure (Chlorwasserstoffsäure) reagieren.

Reaktionsgleichung: $NaOH + HCl \longrightarrow H_2O + NaCl$

oder ausführlich: $Na^+ + OH^- + H^+ + Cl^- \longrightarrow H_2O + Na^+ + Cl^-$

1.4 Es entstehen Kohlenstoffdioxid und Wasser.
Bei dieser exothermen Reaktion wird chemische Energie in thermische Energie (auch Licht) umgewandelt.

Realschulabschluss 2001 Chemie (Sachsen)
Wahlaufgabe 2: Metalle – Metalloxide

BE

2.1 Metalle sind chemische Elemente.
- Wählen Sie unter den genannten Elementen die Metalle aus. Notieren Sie diese.

Barium, Phosphor, Calcium, Natrium, Neon, Aluminium

- Begründen Sie Ihre getroffene Entscheidung mit der Stellung der Metalle im Periodensystem der Elemente.
- Geben Sie für eines der genannten Metalle Name und Formel des Oxids an. 4

2.2 Aufgrund ihrer Eigenschaften lassen sich Metalle in verschiedene Gruppen einteilen. Es gibt Leichtmetalle und Schwermetalle, unedle Metalle und Edelmetalle.
- Ordnen Sie jeder der genannten Gruppen ein Metall zu.
- Geben Sie für jedes der gewählten Metalle eine Verwendungsmöglichkeit an. 4

2.3 Experiment
- Verbrennen Sie einen Magnesiumspan unter Beachtung der Arbeitsschutzbestimmungen.
- Notieren Sie Ihre Beobachtungen.
- Entwickeln Sie die Reaktionsgleichung für die im Experiment durchgeführte chemische Reaktion.
- Begründen Sie eine Arbeitsschutzmaßnahme, die Sie im Experiment eingehalten haben. 5

2.4 Metalle können aus Metalloxiden durch Redoxreaktionen hergestellt werden.
- Wählen Sie eine der Reaktionsgleichungen aus, übernehmen Sie diese in Ihre Arbeit und kennzeichnen Sie an der Reaktionsgleichung die beiden Teilreaktionen.

a) $Fe_2O_3 + 2\ Al \longrightarrow 2\ Fe + Al_2O_3$

b) $CuO + H_2 \longrightarrow Cu + H_2O$

- Begründen Sie für eine Teilreaktion Ihre Zuordnung.
- Berechnen Sie die Masse an Eisen, die aus 3,2 kg Eisen(III)-oxid Fe_2O_3 entstehen kann. (Reaktionsgleichung a) 7

2.5 Eisen wird großtechnisch im Hochofen hergestellt.
- Ordnen Sie folgende Begriffe den Buchstaben a bis f aus der Skizze zu:
  Roheisen, Gichtgas, Luft, Koks, Schlacke, Eisenerz mit Zuschlägen
- Erläutern Sie ein chemisch-technisches Arbeitsprinzip, das im Hochofen Anwendung findet.

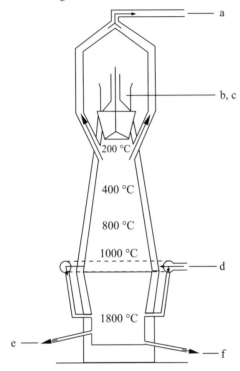

$\frac{5}{25}$

Lösungen

2.1 Metalle sind Barium, Calcium, Natrium und Aluminium. Diese Metalle stehen in der I., II. und III. Hauptgruppe des PSE
Calciumoxid – CaO oder Aluminiumoxid – Al_2O_3

2.2

Gruppe	Beispiel	Verwendung
Leichtmetalle	Aluminium	Flugzeugbau
Schwermetalle	Eisen	Eisenbahnbau
Unedle Metalle	Zink	Korrosionsschutz
Edelmetalle	Gold	Schmuckherstellung

2.3 Unter greller Lichterscheinung und Wärmeentwicklung entsteht ein weißes Pulver.

$2\,Mg + O_2 \longrightarrow 2\,MgO$

Vor allem die Augen sind durch eine entsprechende Schutzbrille vor der grellen Lichterscheinung zu schützen, weil die Netzhaut geschädigt werden kann.

2.4

$$\underset{\text{Reduktion}}{\overset{\text{Oxidation}}{CuO + H_2 \longrightarrow Cu + H_2O}}$$

Die Oxidation ist eine chemische Reaktion unter Sauerstoffaufnahme.

Berechnung:

Reaktionsgleichung: $Fe_2O_3 + 2\,Al \longrightarrow 2\,Fe + Al_2O_3$

gesucht: m_1 (Eisen) gegeben: m_2 (Fe_2O_3) = 3,2 kg
n_1 = 2 mol $\qquad\qquad\qquad$ n_2 = 1 mol
M_1 = 56 g · mol^{-1} $\qquad\qquad$ M_2 = 160 g · mol^{-1}

Lösung:

$$\frac{m_1}{m_2} = \frac{n_1 \cdot M_1}{n_2 \cdot M_2}$$

Einsetzen / Umformen:

$$m_1 = \frac{2\,mol \cdot 56\,g \cdot mol^{-1}}{1\,mol \cdot 160\,g \cdot mol^{-1}} \cdot 3,2\,kg$$

m_1 = 2,24 kg

Aus 3,2 kg Eisen(III)-oxid entstehen 2,24 kg Eisen.

2.5 b,c = Koks, Eisenerz mit Zuschlägen
    d = Luft
    a = Gichtgas
    e = Schlacke
    f = Roheisen

Ein chemisch-technisches Arbeitsprinzip im Hochofen ist die kontinuierliche Arbeitsweise. Dabei werden die Ausgangsstoffe ununterbrochen in Reaktionsprodukte umgewandelt.

Realschulabschluss 2001 Chemie (Sachsen)
Wahlaufgabe 3: Ethansäure (Essigsäure)

BE

3.1 Ethansäure gehört zu den organischen Verbindungen.
- Übernehmen Sie folgende Übersicht in Ihre Arbeit und vervollständigen Sie diese.

Name	Strukturformel	Summenformel
		CH_3COOH
	H—C(=O)—OH	
Butansäure		

- Kennzeichnen Sie in einer Strukturformel die funktionelle Gruppe organischer Säuren und benennen Sie diese.
- Vergleichen Sie den Bau der Moleküle von Ethansäure mit dem von Ethanol und Ethanal.
Geben Sie zwei Gemeinsamkeiten und einen Unterschied an. 8

3.2 Experiment
Organische Säuren reagieren ähnlich wie anorganische Säuren.
- Untersuchen Sie die chemische Reaktion von
  a) Magnesium mit Ethansäure und
  b) Magnesium mit Salzsäure (Chlorwasserstoffsäure).
- Notieren Sie Ihre Beobachtungen.
- Geben Sie den Namen und das chemische Zeichen des Reaktionsproduktes an, das bei beiden chemischen Reaktionen entsteht.
- Nennen Sie die Teilchen, die für Säurelösungen charakteristisch sind.
Wie können diese Teilchen nachgewiesen werden? 5

3.3 Im Haushalt findet Ethansäurelösung als Essig vielfältige Verwendung.
- Begründen Sie zwei Verwendungsmöglichkeiten.
- Warum sollte Ethansäurelösung vorwiegend verdünnt angewendet werden?

Essig (Ethansäure) wird aus Ethanol hergestellt.
- Entwickeln Sie für diese chemische Reaktion die Reaktionsgleichung. 7

3.4 Essigsäure ist Ausgangsstoff für die Herstellung einiger Ester, z. B.:

$$CH_3COOH + C_2H_5OH \longrightarrow CH_3-COO-C_2H_5 + H_2O$$

Eine Essigsäurelösung enthält 20 g reine Essigsäure.
- Berechnen Sie die Masse an Ethanol, die damit reagieren kann.
- Geben Sie eine Verwendungsmöglichkeit von Estern an.

$\frac{5}{25}$

Lösungen

3.1

Name	Strukturformel	Summenformel
Ethansäure	H-C(H)(H)-C(=O)(OH)	CH_3COOH
Methansäure	H-C(=O)(OH)	$HCOOH$
Butansäure	H-C(H)(H)-C(H)(H)-C(H)(H)-C(=O)(OH)	C_3H_7COOH

Die funktionelle Gruppe heißt Carboxylgruppe.

Ethansäure, Ethanol und Ethanal bestehen aus den Elementen Kohlenstoff, Wasserstoff und Sauerstoff. Ihre Moleküle besitzen zwei Kohlenstoffatome.

Ethansäure besitzt als funktionelle Gruppe die Carboxylgruppe, Ethanol die Hydroxylgruppe und Ethanal eine Aldehydgruppe.

3.2 **Beobachtungen:** Wärme- und Gasentwicklung, Auflösen des Magnesiumspans
Bei beiden Experimenten entsteht Wasserstoff mit der Formel H_2.

Wasserstoffionen oder Oxoniumionen sind für Säurelösungen charakteristisch. Ihr Nachweis kann z. B. mit Universalindikatorlösung erfolgen. Die Indikatorlösung färbt sich rot.

3.3 Aufgrund seines sauren Geschmacks eignet sich Essig zur Zubereitung von Speisen, z. B. Eintöpfen und Salaten.
Außerdem besitzt er konservierende Eigenschaften, was beim Einlegen von Gurken ausgenutzt wird.

Reaktionsgleichung: $C_2H_5OH + O_2 \longrightarrow CH_3COOH + H_2O$

3.4 **Berechnung:**

Reaktionsgleichung: $CH_3COOH + C_2H_5OH \longrightarrow CH_3-COO-C_2H_5 + H_2O$

gesucht: m_1 (Ethanol)   gegeben: m_2 (Ethansäure) = 20 g
n_1 = 1 mol n_2 = 1 mol
M_1 = 46 g·mol^{-1} M_2 = 60 g·mol^{-1}

Lösung:

$$\frac{m_1}{m_2} = \frac{n_1 \cdot M_1}{n_2 \cdot M_2}$$

Einsetzen / Umformen:

$$m_1 = \frac{1\,\text{mol} \cdot 46\,\text{g} \cdot \text{mol}^{-1}}{1\,\text{mol} \cdot 60\,\text{g} \cdot \text{mol}^{-1}} \cdot 20\,\text{g}$$

$m_1 = 15{,}3$ g (gerundet)

15,3 g Ethanol können mit 20 g Ethansäure reagieren.

Ester werden als **Duftstoffe und Aromen** eingesetzt.

Realschulabschluss 2001 Chemie (Sachsen)
Wahlaufgabe 4: Baustoffe und Werkstoffe

BE

4.1 Kalkstein, ein vielseitig verwendbarer Baustoff, ist ein natürliches Vorkommen des Calciumcarbonats.

Nennen Sie zwei weitere natürliche Vorkommen von Calciumcarbonat.

Experiment

Eine von zwei vorliegenden Stoffproben A und B ist Calciumcarbonat. Finden Sie diese experimentell heraus. Verwenden Sie dazu Salzsäure (Chlorwasserstoffsäure).

- Führen Sie das Experiment durch.
- Notieren Sie Ihre Beobachtungen.
- Geben Sie an, welche Probe Calciumcarbonat enthält.
- Entwickeln Sie für die abgelaufene chemische Reaktion die Reaktionsgleichung.

In Gebieten mit hoher Umweltbelastung ist eine langsame Zerstörung von Bauwerken zu beobachten.

Erläutern Sie diese Tatsache mithilfe Ihrer chemischen Kenntnisse. 8

4.2 Kalkstein ist Rohstoff für die Herstellung von Kalkmörtel. Dazu wird Kalkstein zunächst thermisch in Branntkalk umgewandelt.

$$CaCO_3 \longrightarrow CaO + CO_2$$

- Berechnen Sie die Masse an Kalkstein, die zur Herstellung von 150 t Branntkalk notwendig ist.

Der Hauptbestandteil des Kalkmörtels ist aus Branntkalk gewonnener Löschkalk (Calciumhydroxid).

- Begründen Sie, warum beim Umgang mit Kalkmörtel Augen und Hände geschützt werden sollen.

Beim Bauen wird neben Kalkmörtel auch Zementmörtel eingesetzt.

- Geben Sie für beide Mörtelarten je eine Einsatzmöglichkeit an. 7

4.3 Kunststoffe finden als „Werkstoffe nach Maß" eine vielseitige Verwendung.
- Übernehmen Sie die Tabelle ohne Abbildungen in Ihre Arbeit.

	A	B	C
Anordnung der Makromoleküle			
Kunststoffart			
Charakteristische Eigenschaft			
Verwendung			

- Ordnen Sie die Begriffe Elastomere, Thermoplaste, Duroplaste in die Tabelle unter Kunststoffart ein.
- Vervollständigen Sie die Tabelle.
- Erläutern Sie für eine Kunststoffart den Zusammenhang zwischen der Anordnung der Makromoleküle und der charakteristischen Eigenschaft. 6

4.4 Kunststoffe sind unentbehrlich geworden, ihre Entsorgung ist aber noch immer problematisch.
Erörtern Sie zwei verschiedene Möglichkeiten zur Entsorgung von Kunststoffen. $\frac{4}{25}$

Lösungen

4.1 Zwei weitere natürliche Vorkommen von Calciumcarbonat sind Marmor und Kreide.
Experiment (mögliche Variante)

Uhrglas	Stoffprobe A	Stoffprobe B
Beobachtung bei Zugabe von Salzsäure (Chlorwasserstoffsäure)	Aufschäumen	kein Aufschäumen

Bei Stoffprobe A entsteht ein Gas. Demnach enthält diese Probe Calciumcarbonat.

Reaktionsgleichung: $CaCO_3 + 2\ HCl \longrightarrow CaCl_2 + CO_2 + H_2O$

In Gebieten mit hoher Umweltbelastung ist eine langsame Zerstörung von Bauwerken durch die Wirkung des sauren Regens zu beobachten. Abgebundener Bau-/Zementmörtel enthält Calciumcarbonat (Kalkstein) und evtl. Stahlarmierungen. Beide werden durch die im sauren Regen enthaltenen Säuren langsam aufgelöst.

4.2 **Berechnung:**

Reaktionsgleichung: $CaCO_3 \longrightarrow CaO + CO_2$

gesucht: m_1 (Calciumcarbonat) gegeben: m_2 (Calciumoxid) = 150 t
$n_1 = 1$ mol $n_2 = 1$ mol
$M_1 = 100\ g \cdot mol^{-1}$ $M_2 = 56\ g \cdot mol^{-1}$

Lösung:

$$\frac{m_1}{m_2} = \frac{n_1 \cdot M_1}{n_2 \cdot M_2}$$

Einsetzen / Umformen:

$$m_1 = \frac{1\ mol \cdot 100\ g \cdot mol^{-1}}{1\ mol \cdot 56\ g \cdot mol^{-1}} \cdot 150\ t$$

$m_1 = 268$ t

Zur Herstellung von 150 t Calciumoxid sind 268 t Calciumcarbonat erforderlich.

Löschkalk besitzt ätzende Wirkung. Deshalb müssen Augen und Hände z. B. durch eine Schutzbrille bzw. Schutzhandschuhe geschützt werden. Es entstehen sonst schmerzhafte Wunden oder der Mensch erleidet eine Hornhautschädigung oder verliert sein Augenlicht.

Kalkmörtel wird zum Putzen von Wänden eingesetzt. Zementmörtel wird zum Verfugen bzw. als Bindemittel bei Ziegelbauten genutzt.

4.3

Anordnung der Makromoleküle	A Abbildung	B Abbildung	C Abbildung
Kunststoffart	Duroplaste	Thermoplaste	Elastomere
Charakteristische Eigenschaft	Beim Erhitzen zersetzen sie sich, ohne zu erweichen.	Beim Erwärmen erweichen sie und sind plastisch verformbar.	Sie nehmen nach dem Einwirken einer verformenden Kraft ihre ursprüngliche Form wieder an.
Verwendung	Karosserieteile, Griffe und Beschläge	Flaschen, Spielwaren und Trinkwasserleitungen	Autoreifen, Gummibänder und Badeschwämme

Thermoplaste bestehen aus linear nebeneinander liegenden Makromolekülen. Beim Erwärmen des Stoffes können diese aneinander vorbei gleiten. Dadurch wird die plastische Verformbarkeit erreicht.

4.4 Thermoplastabfälle kann man aufgrund der Anordnung der Makromoleküle wieder einschmelzen. Bei der Herstellung von neuen Produkten darf ein gewisser Prozentsatz genutzt werden.

Kunststoffe gelangen noch immer auf Mülldeponien. Da sie durch Bakterien nicht zersetzt werden können, ist diese Art der Entsorgung umweltproblematisch.

Realschulabschluss 2002 Chemie (Sachsen)
Pflichtaufgabe 1: Stoffe – Teilchen – Chemische Reaktionen

BE

1.1 Stoffe und Teilchen können experimentell nachgewiesen werden. Ihnen werden dazu folgende Experimente demonstriert:
   a) Einer farblosen Lösung wird Bariumchlorid-Lösung zugesetzt.
   b) In eine farblose Bariumhydroxid-Lösung wird Ausatemluft geblasen.
   – Notieren Sie Ihre Beobachtungen zu beiden Experimenten.
   – Geben Sie den Namen und das chemische Zeichen der Teilchen an, für die Bariumchlorid-Lösung Nachweismittel ist.
   – Nennen Sie einen Stoff, der in der farblosen Lösung des Experimentes a vorliegen könnte.
   – Werten Sie Ihre Beobachtung zum Experiment b unter Nutzung der zu vervollständigenden Reaktionsgleichung aus.

   .... + $Ba(OH)_2$ ⟶ .... + H_2O 7

1.2 Die eingesetzten Lösungen der Nachweismittel enthalten Barium-Ionen
   – Leiten Sie aus der Stellung des Elements Barium im Periodensystem der Elemente drei Aussagen zum Atombau ab.
   – Geben Sie die elektrische Ladung von Barium-Ionen an.
   – Stellen Sie eine Vermutung auf, wie sich Universalindikator-Lösung in wässriger Lösung von Bariumoxid färbt.
     Begründen Sie Ihre Vermutung auch mit einer Aussage über die Teilchen.
   – Nennen Sie eine Gemeinsamkeit von Barium-Ionen und Magnesium-Ionen.   8

1.3 Silberglänzendes Magnesium verbrennt unter hellem Aufglühen zu weißem Magnesiumoxid.

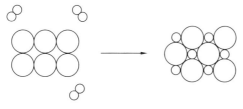

   – Begründen Sie an zwei Merkmalen, weshalb dieser Vorgang eine chemische Reaktion ist.
   – Nennen Sie ein weiteres Merkmal chemischer Reaktionen.   5

1.4 Bei manchen chemischen Reaktionen bilden sich die Reaktionsprodukte in Sekundenschnelle, bei anderen wandeln sich die Stoffe nur sehr langsam um.
- Übernehmen Sie die Übersicht in Ihre Arbeit.
 Stellen Sie den Zusammenhang zwischen der Reaktionsgeschwindigkeit und den Bedingungen bei einer chemischen Reaktion her, indem Sie die Übersicht vervollständigen.
- Fügen Sie in die Leerzeile ein weiteres Beispiel ein.

Chemische Reaktion	Veränderung der Bedingungen	Einfluss auf die Reaktionsgeschwindigkeit
Magnesium reagiert mit Salzsäure	Verringerung der .... Säure	....
Rosten von Eisen bei Einwirkung von Feuchtigkeit	.... der Temperatur	....
Sauerwerden von Milch	....	Verringerung ....
....	Anwesenheit eines Katalysators	....
....	....	....

Lösungen

1.1 Demonstrationsexperimente

Experiment a):
- **Beobachtung**
  Bildung eines weißen Niederschlags
- Bariumchlorid-Lösung ist für Sulfationen das **Nachweismittel**
- chemisches Zeichen des Sulfations: SO_4^{2-}
- möglicher Stoff in der Lösung: Natriumsulfat (auch Schwefelsäure möglich)

Experiment b):
- **Beobachtung**
  Bildung eines weißen Niederschlags
- **Auswertung**
  nachgewiesener Stoff ist Kohlenstoffdioxid, es entsteht schwerlösliches Bariumcarbonat
- **Reaktionsgleichung**
  $$CO_2 + Ba(OH)_2 \longrightarrow BaCO_3 + H_2O$$

1.2 Die **Nachweismittel** enthalten Bariumionen.
- Ableitung des Atombaus für Barium:

Ordnungszahl 56	56 Protonen im Kern
Hauptgruppe II	2 Außenelektronen
Periode 6	6 besetzte Elektronenschalen

- elektrische Ladung des Bariumions: 2-fach positiv, also Ba^{2+}
- **Vermutung**
  Universalindikator färbt sich blau
- **Begründung**
  Bariumoxid reagiert basisch (blaue Farbe des Kästchens im PSE), bei der Reaktion mit Wasser entstehen Hydroxidionen
- Gemeinsamkeit: beide Ionen sind 2-fach elektrisch positiv geladen oder beide haben als Außenschale eine Achterschale

1.3 Verbrennen von Magnesium
- Es findet eine Stoffumwandlung statt. Der Ausgangsstoff Magnesium ist ein silberglänzendes Metall und das Reaktionsprodukt, Magnesiumoxid, ist ein weißes Pulver. Es findet auch eine Energieumwandlung statt. Bei dieser exothermen Reaktion wird chemische Energie in Licht und Wärme umgewandelt.
- weiteres Reaktionsmerkmal: Umordnung der Teilchen (siehe Abbildung)

1.4 Zusammenhang zwischen Reaktionsgeschwindigkeit und Reaktionsbedingungen

Chemische Reaktion	Veränderung der Bedingungen	Einfluss auf die Reaktionsgeschwindigkeit
Magnesium reagiert mit Salzsäure	Verringerung z. B. der Temperatur oder Konzentration der Säure	Verringerung der Reaktionsgeschwindigkeit
Rosten von Eisen bei Einwirkung von Feuchtigkeit	z. B. Erhöhung der Temperatur	Erhöhung der Reaktionsgeschwindigkeit
Sauerwerden von Milch	Verringerung der Temperatur	Verringerung der Reaktionsgeschwindigkeit
z. B. Zersetzen von Wasserstoffperoxid mittels Braunstein	Anwesenheit eines Katalysators	Erhöhung der Reaktionsgeschwindigkeit
Magnesiumpulver reagiert mit Salzsäure	Erhöhung des Zerteilungsgrades von Magnesium	Erhöhung der Reaktionsgeschwindigkeit

Realschulabschluss 2002 Chemie (Sachsen)
Wahlaufgabe 2: Kohlenstoff und seine Verbindungen

BE

2.1 Reiner Kohlenstoff kommt in der Natur als Diamant und Graphit vor.
– Ordnen Sie den Modellen a und b zum Bau von Kohlenstoff die entsprechenden Erscheinungsformen (Modifikationen) zu.

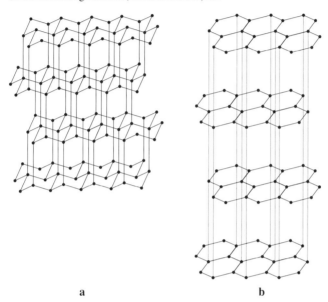

a   b

– Begründen Sie jeweils eine Eigenschaft von Diamant und Graphit mit Aussagen über den Bau der Stoffe.
– Leiten Sie für Diamant und Graphit aus jeweils einer Eigenschaft eine Verwendung ab.   7

2.2 In der Industrie wird Koks (Kohlenstoff) bei der Herstellung von Metallen eingesetzt.
– Berechnen Sie die Masse an Koks, die zur Herstellung von 35 t Eisen benötigt wird.

$2 Fe_2O_3 + 3 C \longrightarrow 4 Fe + 3 CO_2$

Das dabei entstehende Kohlenstoffdioxid trägt zur Umweltbelastung bei.
– Begründen Sie diese Aussage.   5

2.3 Experiment
Untersuchen Sie die chemische Reaktion von Kupferoxid und Kohlenstoff.
- Erhitzen Sie ein Gemisch aus Kupferoxid und Holzkohle (Kohlenstoff).
- Notieren Sie Ihre Beobachtung.
- Ergänzen Sie die Reaktionsgleichung für diese chemische Reaktion.

    $2\,CuO\ +\ \ldots\ldots\ldots\ \longrightarrow\ \ldots\ldots\ldots\ +\ \ldots\ldots\ldots$

- Ordnen Sie diese Reaktion einer Reaktionsart zu.
- Geben Sie die Teilreaktion an und kennzeichnen Sie diese an der Reaktionsgleichung.
- Welche Funktion hat der Kohlenstoff bei dieser chemischen Reaktion? 8

2.4 Kohlenstoff ist auch in organischen Verbindungen enthalten.
- Ordnen Sie die folgenden Verbindungen der Stoffklasse der Alkane, Alkanole oder Alkansäuren zu.

    C_2H_6, CH_3COOH, C_2H_5OH, CH_3OH, $HCOOH$, C_3H_8

- Begründen Sie die Zuordnung durch Angabe des charakteristischen Strukturmerkmals der Stoffklasse. 5

Lösungen

2.1 Reiner Kohlenstoff als Diamant und Graphit
 – Modell a = Diamant, Modell b = Graphit
 – Diamant ist sehr hart, weil jedes Kohlenstoffatom im Kristall vier Atombindungen betätigt (maximal mögliche Anzahl von Atombindungen für ein C-Atom).
 Graphit leitet den elektrischen Strom, weil jedes Kohlenstoffatom im Kristall nur drei Atombindungen eingeht. Somit hat jedes C-Atom ein bewegliches Außenelektron für die Stromleitfähigkeit zur Verfügung.

Eigenschaft	abgeleitete Verwendung
Große Härte des Diamants	Besatz von Bohrkronen
Stromleitfähigkeit von Graphit	Herstellung von Elektroden

2.2 Einsatz von Koks bei der Herstellung von Metallen
 – Berechnung:

 Reaktionsgleichung

 $2\,Fe_2O_3 + 3\,C \longrightarrow 4\,Fe + 3\,CO_2$

 gesucht: m_1 (Koks)

 gegeben: m_2 (Eisen) = 35 t
 n_1 = 3 mol
 n_2 = 4 mol
 M_1 = 12 g · mol^{-1}
 M_2 = 56 g · mol^{-1}

 Lösung: $\dfrac{m_1}{m_2} = \dfrac{n_1 \cdot M_1}{n_2 \cdot M_2}$

 Einsetzen/Umformen: $m_1 = \dfrac{n_1 \cdot M_1}{n_2 \cdot M_2} \cdot m_2$

 $m_1 = 5{,}63$ t (gerundet)

 Zur Herstellung von 35 t Eisen sind **5,63 t Koks** erforderlich.

 – Begründung der Umweltbelastung:
 Das entstehende Kohlenstoffdioxid ist ein **Treibhausgas**.

2.3 **Experiment**
 – **Durchführung**
 – **Beobachtung**
 Bildung eines rotbraunen Stoffes

- **Reaktionsgleichung**

  $2\,CuO + C \longrightarrow 2\,Cu + CO_2$

- Es ist eine Redoxreaktion.

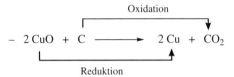

- Der Kohlenstoff hat die Funktion eines **Reduktionsmittels**.

2.4 Kohlenstoff in organischen Verbindungen

Zuordnung/Strukturmerkmal:

Stoffklasse	Formel/Name		Strukturmerkmal
Alkane	C_2H_6	Ethan	nur Einfachbindungen im Molekül (gesättigt)
	C_3H_8	Propan	
Alkanole	CH_3OH	Methanol	eine Hydroxylgruppe im Molekül
	C_2H_5OH	Ethanol	
Alkansäuren	HCOOH	Methansäure	eine Carboxylgruppe im Molekül
	CH_3COOH	Ethansäure	

Realschulabschluss 2002 Chemie (Sachsen)
Wahlaufgabe 3: Chemische Produkte im Alltag

BE

3.1 Viele auf chemischem Wege hergestellte Werkstoffe finden im Alltag Verwendung:
 – Übernehmen Sie die folgende Tabelle in Ihre Arbeit und ergänzen Sie diese.

Werkstoff	Verwendung (1 Beispiel)	Genutzte Eigenschaft
Glas		
Aluminium		
Plast		

 – Äußern Sie sich zu Notwendigkeit und Möglichkeit des Recyclings für einen der genannten Werkstoffe. 5

3.2 Ethanol wird industriell in großen Mengen durch katalytische Wasseranlagerung an Ethen hergestellt.
 – Entwickeln Sie für diese chemische Reaktion die Reaktionsgleichung.
 – Geben Sie zwei Verwendungen für das so hergestellte Ethanol an.

Ethanol kann auch auf biochemischem Wege aus Glucose (Traubenzucker) hergestellt werden.
 – Formulieren Sie die Wortgleichung für diese chemische Reaktion.
 – Wie heißt dieser biochemische Vorgang? 6

3.3 Experiment
Sie erhalten zwei Reagenzgläser A und B, von denen das eine Ethanol und das andere Natriumhydroxid-Lösung enthält.
Unterscheiden Sie die beiden Lösungen mithilfe eines Nachweismittels.
 – Fordern Sie das Nachweismittel schriftlich an.
 – Führen Sie das Experiment durch. Notieren Sie Ihre Beobachtungen.
 – Werten Sie Ihre Beobachtungen aus.
 – Geben Sie zwei weitere Unterscheidungsmöglichkeiten an.

Sowohl Ethanol als auch Natriumhydroxid-Lösung reagieren mit Säurelösungen.
 – Nennen Sie für jede dieser Reaktionen eine praktische Bedeutung. 7

3.4 In einem Gasfeuerzeug befinden sich 15 g verflüssigtes Butan.
 – Berechnen Sie das Volumen an Kohlenstoffdioxid, das bei vollständiger Verbrennung des Butans entsteht.

$$2\ C_4H_{10} + 13\ O_2 \longrightarrow 8\ CO_2 + 10\ H_2O$$

4

3.5 Hersteller von Kaffeemaschinen empfehlen den Einsatz von „Entkalkern".
 – Erläutern Sie die Notwendigkeit dieser Maßnahme.
 – Nennen Sie einen wirksamen Inhaltsstoff von Entkalkern. 3

Lösungen

3.1 Werkstoffe und ihre Verwendung im Alltag
   − Ergänzung der Tabelle:

Werkstoff	Verwendung (1 Beispiel)	Genutzte Eigenschaft
Glas	z. B. Fensterglas	durchsichtig
Aluminium	z. B. Flugzeugbau	geringe Dichte (Leichtmetall)
Plast	z. B. Säurevorratsflasche	chemikalienbeständig

   − Notwendigkeit und Möglichkeit des **Recyclings**:
   Plaste sind von der Natur nicht abbaubar. Sie würden sich auf Mülldeponien ansammeln. Eine Möglichkeit des Recyclings wäre die Rückgewinnung der Ausgangsstoffe (Monomere) für die Plastherstellung. Neuer Kunststoff könnte daraus hergestellt werden.
   Darüber hinaus könnten Produkte aus diesen Werkstoffen eingeschmolzen und für die Herstellung neuer Artikel genutzt werden.

3.2 Ethanolherstellung durch katalytische Wasseranlagerung an Ethen:
   − **Reaktionsgleichung**

   $C_2H_4 + H_2O \longrightarrow C_2H_5OH$

   − **Verwendungen**
   Herstellung von Spiritus und alkoholischen Getränken

   − **Herstellung auf biochemischem Wege**
   − Wortgleichung

   Glucose $\longrightarrow$ Ethanol + Kohlenstoffdioxid

   − Der Vorgang heißt **alkoholische Gärung** und wird mithilfe von Hefepilzen durchgeführt.

3.3 **Experiment**: Unterscheidung von Ethanol und Natriumhydroxid-Lösung
   − **Nachweismittel**
   Universalindikator-Lösung
   − **Durchführung**
   − **Beobachtungen**
   z. B. färbt sich Unitest im Reagenzglas A blau und im Reagenzglas B bleibt Unitest grün.
   − **Auswertung**
   Im Reagenzglas A befindet sich Natriumhydroxid-Lösung, weil diese basisch reagiert und Hydroxidionen enthält.
   Im Reagenzglas B befindet sich Ethanol. Eine wässrige Ethanol-Lösung reagiert neutral.

- weitere Unterscheidungsmöglichkeiten: Geruchsprobe, Brennbarkeit oder Stromleitfähigkeit prüfen

Sowohl Ethanol als auch Natriumhydroxid-Lösung können mit Säurelösungen reagieren.

- praktische Bedeutung:
Reagiert Natriumhydroxid mit einer Säurelösung, liegt eine **Neutralisation** vor. Saure oder basische Industrieabwässer müssen neutralisiert werden.
Reagiert Ethanol mit einer Säurelösung, liegt eine **Veresterung** vor. Fruchtester können auf diese Weise hergestellt werden.

3.4 Berechnung

Reaktionsgleichung

$$2\, C_4H_{10} + 13\, O_2 \longrightarrow 8\, CO_2 + 10\, H_2O$$

gesucht: V_1 (Kohlenstoffdioxid)

gegeben: m_2 (Butan) = 15 g
n_1 = 8 mol
n_2 = 2 mol
V_m = 22,4 $\ell \cdot mol^{-1}$
M_2 = 58 g $\cdot mol^{-1}$

Lösung: $\dfrac{V_1}{m_2} = \dfrac{n_1 \cdot V_m}{n_2 \cdot M_2}$

Einsetzen/Umformen: $V_1 = \dfrac{n_1 \cdot V_m}{n_2 \cdot M_2} \cdot m_2$

V_1 = 23,2 ℓ (gerundet)

Bei der Verbrennung von 15 g Butan entstehen **23,2 ℓ Kohlenstoffdioxid**.

3.5 Einsatz von **Entkalkern**:

- Es setzt sich **Kesselstein** (Calciumcarbonat) an der Heizspirale ab. Dadurch entsteht z. B. ein erhöhter Stromverbrauch.
- Wirksamer Inhaltsstoff von Entkalkern muss eine **Säure** sein.

Realschulabschluss 2002 Chemie (Sachsen)
Wahlaufgabe 4: Chlorverbindungen

BE

4.1 Natriumchlorid ist eine lebensnotwendige Verbindung, die wir täglich mit der Nahrung aufnehmen müssen.
– Beschreiben Sie eine Möglichkeit zur Gewinnung des Salzes.
– Nennen Sie zwei weitere Verwendungen von Natriumchlorid neben der als Speisewürze.
„Natriumchlorid leitet den elektrischen Strom." – Ist diese Aussage richtig?
– Begründen Sie Ihre Antwort. 5

4.2 Experiment
Sie erhalten in den Reagenzgläsern A und B zwei farblose Lösungen. Stellen Sie experimentell fest, welche der Lösungen Chlorid-Ionen enthält.
– Fordern Sie das Nachweismittel schriftlich an.
– Führen Sie das Experiment durch und notieren Sie Ihre Beobachtungen.
– Geben Sie an, in welchem Reagenzglas sich die Lösung mit den Chlorid-Ionen befindet.
– Entwickeln Sie für den Nachweis die Reaktionsgleichung in Ionenschreibweise. 5

4.3 Im Labor kann aus Natriumchlorid durch Reaktion mit konzentrierter Schwefelsäure Chlorwasserstoff dargestellt werden.

$$2\,NaCl + H_2SO_4 \longrightarrow Na_2SO_4 + 2\,HCl$$

– Berechnen Sie die Masse an Natriumchlorid, die notwendig ist, um 2 Liter Chlorwasserstoff darzustellen. 4

4.4 Chlorwasserstoff löst sich in Wasser.
– Wie heißt die entstandene Lösung?
– Geben Sie Namen und chemische Zeichen der in der Lösung vorhandenen Teilchen an.
– Begründen Sie eine Arbeitsschutzmaßnahme beim Umgang mit dieser Lösung. 4

4.5 In der Industrie wird Chlorwasserstoff zur Herstellung des Thermoplasts PVC (Polyvinylchlorid) genutzt.
– Nennen Sie die charakteristische Eigenschaft von Thermoplasten.
– Begründen Sie zwei Verwendungen für Thermoplaste mit deren Eigenschaften.
– Beschreiben Sie mithilfe der folgenden Reaktionsgleichung die Polymerisation zur Herstellung von PVC.

$$n\,H_2C=CHCl \longrightarrow --[-CH_2-CHCl-]_n--$$

5

4.6 Halogenierte Kohlenwasserstoffe (FCKW) besitzen eine Reihe vorteilhafter Eigenschaften, trotzdem wurde ihr Einsatz als Treibgas und Kühlmittel in vielen Staaten verboten.
  – Begründen Sie ein solches Verbot. 2

Lösungen

4.1 Natriumchlorid wird täglich mit der Nahrung aufgenommen.
- **Gewinnung**
  Das Salz wird z. B. in Bergwerken abgebaut. Es heißt **Steinsalz** und wird hauptsächlich in der Industrie benötigt.
- **Verwendungen**
  Blutersatz (physiologische Kochsalzlösung), Herstellung von Chlor
- Begründung: Die Aussage ist nicht richtig, denn nur Natriumchlorid-Lösung leitet den Strom. In der Lösung sind Natrium- und Chloridionen frei beweglich, weil durch die Wassermoleküle die Ionenbindungen nicht mehr wirksam sind.

4.2 **Experiment**
- **Nachweismittel**
  Silbernitrat-Lösung
- **Durchführung**
- **Beobachtung**
  Bildung eines weißen Niederschlages z. B. im Reagenzglas A.
- Reagenzglas A enthält Chloridionen.
- **Reaktionsgleichung**
  $$Ag^+ + Cl^- \longrightarrow AgCl\downarrow$$

4.3 Berechnung
Reaktionsgleichung
$$2\,NaCl + H_2SO_4 \longrightarrow Na_2SO_4 + 2\,HCl$$

gesucht: m_1 (Natriumchlorid)

gegeben: V_2 (Chlorwasserstoff) = 2 ℓ
n_1 = 2 mol
n_2 = 2 mol
V_m = 22,4 $\ell \cdot$ mol^{-1}
M_1 = 58,5 g $\cdot$ mol^{-1}

Lösung: $\dfrac{m_1}{V_2} = \dfrac{n_1 \cdot M_1}{n_2 \cdot V_m}$

Einsetzen/Umformen: $m_1 = \dfrac{n_1 \cdot M_1}{n_2 \cdot Vm} \cdot V_2$

m_1 = 5,22 g (gerundet)

Um 2 ℓ Chlorwasserstoff herzustellen, sind **5,22 g Natriumchlorid** erforderlich.

4.4 Chlorwasserstoff löst sich in Wasser.
   – Die Lösung heißt Chlorwasserstoffsäure oder Salzsäure.
   – Namen und Zeichen: Es sind Wasserstoffionen H^+ und Chloridionen Cl^- vorhanden.
   – Da es sich um eine saure Lösung handelt, besitzt diese eine ätzende Wirkung. Eine Schutzbrille für die Augen verhindert z. B. eine Hornhautbeschädigung.

4.5 Chlorwasserstoff ist Ausgangsstoff für die Herstellung von PVC
   charakteristische Eigenschaft von Thermoplasten: in der Wärme mehrfach verformbar

Eigenschaft	abgeleitete Verwendung
leitet keinen Strom	Kabelisolierung
geringe Dichte	Herstellung leichter Behältnisse

Beschreibung der Herstellung von PVC anhand der Reaktionsgleichung:
- Ausgangsstoff hat **eine Doppelbindung** im Molekül.
- Reaktionsprodukt besteht aus Makromolekülen ausschließlich mit Einfachbindungen.
- Polymerisation ist eine **Additionsreaktion**.

4.6 Verbot des Einsatzes von FCKW:
   Begründung: FCKW zerstören die Ozonschicht in 30 km Höhe, die das Leben auf der Erde vor gefährlicher UV-Strahlung schützt. Eine Folge der Zerstörung der Ozonschicht ist die Zunahme der Hautkrebserkrankungen.

Realschulabschluss 2003 Chemie (Sachsen)
Pflichtaufgabe 1: Stoffe – Teilchen – Chemische Reaktionen

BE

1.1 Vom Lehrer werden Ihnen folgende Experimente demonstriert:
 a) In einen Erlenmeyerkolben, in dem sich ein farbloses Gas befindet, wird Wasser gegeben.
 b) Zu der entstandenen Lösung wird Universalindikatorlösung (Unitestlösung) getropft.
 – Notieren Sie Ihre Beobachtungen zu Experiment b und formulieren Sie eine Aussage über die charakteristische Eigenschaft der Lösung.
 – Geben Sie Name und Formelzeichen der mit der Universalindikatorlösung nachgewiesenen Teilchen an.
 – Welches Gas könnte im Erlmeyerkolben gewesen sein?
 – Schreiben Sie Name und Formel einer möglichen Lösung auf, die nach dem Experiment a vorliegt.   6

1.2 Neon ist ebenfalls ein farbloses Gas.
 – Leiten Sie für das Element Neon drei Angaben zum Atombau aus seiner Stellung im Periodensystem der Elemente ab.
 – Zeichnen Sie ein Modell von einem Neonatom.
 – Nennen Sie zwei Gemeinsamkeiten in der Atomhülle eines Neonatoms und eines Natrium-Ions.   7

1.3 Die Stoffe mit den Formeln $CH_2=CH_2$ und CH_4 haben wirtschaftliche Bedeutung.
 – Wie heißen die beiden Stoffe?
 – Vergleichen Sie den Aggregatzustand, Dichte und Siedetemperatur beider Stoffe.
 – Geben Sie die Teilchenart an, aus denen beide Stoffe aufgebaut sind.
 – Erläutern Sie die chemische Bindung zwischen Kohlenstoffatomen und Wasserstoffatomen.
 Durch Addition (Anlagerung) von Wasser an den Stoff mit der Formel $CH_2=CH_2$ wird industriell Ethanol hergestellt.
 Entwickeln Sie die Redaktionsgleichung für diese chemische Reaktion.   9

1.4 Wasserstoffperoxidlösung kann unterschiedlich schnell zerfallen.
 $$2\,H_2O_2 \longrightarrow 2\,H_2O + O_2$$
 – Wie kann das bei der chemischen Reaktion entstehende Gas nachgewiesen werden?
 – Geben Sie zwei Möglichkeiten an, diese chemische Reaktion zu beschleunigen.   3

   ___
   25

Lösungen

1.1 Demonstrationsexperiment

Experiment b:
- Der Universalindikator färbt sich rot. Es ist eine saure Lösung entstanden.
- Wasserstoffionen/H^+
- Im Erlenmeyerkolben könnten beispielsweise folgende Gase gewesen sein: Schwefeldioxid oder Chlorwasserstoff.
- Eine mögliche Lösung könnte schweflige Säure H_2SO_3 oder Chlorwasserstoffsäure (Salzsäure) HCl gewesen sein.

1.2 Ableitung des Atombaus

Stellung im Periodensystem der Elemente	abgeleiteter Atombau
Ordnungszahl 10	10 Protonen im Atomkern
Periodennummer 2	2 besetzte Elektronenschalen
Hauptgruppennummer VIII	8 Außenelektronen

Atommodell des Neonatoms:

$_{10}$Ne

Neonatom und Natriumion haben beide 8 Außenelektronen (Achterschale), zwei besetzte Elektronenschalen, sowie die gleiche Anzahl Elektronen in der Atomhülle.

1.3 Es handelt sich um Ethen und Methan.

Eigenschaften:

	Methan	Ethen	Vergleich
Aggregatzustand (bei 25 °C)	gasförmig	gasförmig	gleicher Aggregatzustand
Dichte (bei 0 °C)	0,717 g · l^{-1}	1,260 g · l^{-1}	Ethen hat die größere Dichte.
Siedetemperatur	−161,4 °C	−103,9 °C	Ethen hat die höhere Siedetemperatur.

- Teilchenart: Moleküle
- Es liegt Atombindung zwischen C-Atomen und H-Atomen vor. Die Bindung (Einfachbindung) wird durch ein gemeinsames Elektronenpaar bewirkt.
- Reaktionsgleichung:

$$C_2H_4 + H_2O \longrightarrow C_2H_5OH$$

1.4 Zerfall von Wasserstoffperoxidlösung
- Glimmspanprobe
- Einsatz eines Katalysators oder
- Erhöhung der Konzentration der Wasserstoffperoxidlösung.

Realschulabschluss 2003 Chemie (Sachsen)
Wahlaufgabe 2: Lösungen

BE

2.1 Folgende Stoffe sind in Wasser löslich: Natriumhydroxid, Kaliumchlorid, Schwefelsäure.
- Vervollständigen Sie für diese Stoffe die Reaktionsgleichung für das Lösen in Wasser.

$NaOH \longrightarrow Na^+ + \dots\dots\dots$

$\dots\dots\dots \longrightarrow K^+ + \dots\dots\dots$

$\dots\dots\dots \longrightarrow \dots\dots\dots + SO_4^{2-}$

- Ordnen Sie einen dieser Stoffe einer Stoffklasse zu und begründen Sie die Zuordnung mithilfe der Teilchen.
- Wählen Sie für die drei genannten Stoffe jeweils **die richtige** Verwendungsmöglichkeit aus:
Als Konservierungsmittel, für Autobatterien, als Düngemittel, als Kalkentferner für Waschmaschinen, als Bestandteil von Rohrreinigern, zur Möbelherstellung.

8

2.2 **Experiment:**
Erkennen Sie drei weiße feste Stoffe an ihren Eigenschaften.
Sie erhalten die drei Stoffe Calciumoxid, Natriumchlorid und Citronensäure in nummerierten Reagenzgläsern.
- Untersuchen Sie experimentell die Löslichkeit dieser Stoffe in Wasser und vergleichen Sie.
- Fordern Sie schriftlich ein Nachweismittel an, mit dem Sie die charakteristische Eigenschaft der jeweiligen Lösung ermitteln können.
- Prüfen Sie die Lösungen mit dem Nachweismittel und notieren Sie Ihre Beobachtungen.
- Geben Sie an, in welchem Reagenzglas sich welcher feste Stoff befand.

6

2.3 In einem Industrielabor wird eine Abwasserprobe untersucht. Sie enthält 6 g reine Schwefelsäure.
Ermitteln Sie die Masse an Calciumhydroxid, die der Probe zur vollständigen Neutralisation zugesetzt werden muss.

$Ca(OH)_2 + H_2SO_4 \longrightarrow CaSO_4 + 2 H_2O$

4

2.4 Durch die Überschwemmungen in Sachsen im Sommer 2002 war in verschiedenen Gebieten auch die Trinkwasserversorgung gefährdet.
- Geben Sie zwei Gründe an, weshalb die Bevölkerung der betroffenen Gebiete zum Teil mit Trinkwasser aus Wasserwagen versorgt wurde.
- Beschreiben Sie die stufenweise Wasseraufbereitung in einer Kläranlage.

„Schützt Trinkwasserversorgung und Ökosysteme!"
Geben Sie zwei Maßnahmen an, wie Sie durch Ihr Verhalten dieser Aufforderung nachkommen können.

$\frac{7}{25}$

Lösungen

2.1 Reaktionsgleichungen:

$NaOH \longrightarrow Na^+ + OH^-$

$KCl \longrightarrow K^+ + Cl^-$

$H_2SO_4 \longrightarrow 2\,H^+ + SO_4^{2-}$

Kaliumchlorid gehört zur Stoffklasse der Salze, denn es ist aus positiv geladenen Metallionen und negativ geladenen Säurerestionen aufgebaut.

Stoff	richtige Verwendungsmöglichkeit
Natriumhydroxid	als Bestandteil von Rohrreinigern
Kaliumchlorid	als Düngemittel
Schwefelsäure	für Autobatterien

2.2 Experiment

– Löslichkeitsuntersuchung

Stoff	Löslichkeit	Vergleich
Calciumoxid	schwer löslich (trübe Aufschlämmung)	CaO löst sich von den drei Stoffen am schlechtesten.
Natriumchlorid	löslich (klare Lösung, später Bodensatz)	In demselben Volumen Wasser löst sich weniger NaCl auf als Citronensäure)
Citronensäure	sehr gut löslich (klare Lösung, kein Bodensatz)	In demselben Volumen Wasser löst sich mehr Citronensäure auf als NaCl.

Löslichkeit: Citronensäure > Natriumchlorid > Calciumoxid

– Nachweismittel ist Universalindikatorlösung.
– Beobachtungen/Zuordnung:

Farbe der Universalindikatorlösung	zugeordneter Stoff
Blaufärbung	Calciumoxid
Rotfärbung	Citronensäure
Bleibt grün!	Natriumchlorid

2.3 Berechnung

Reaktionsgleichung:

$Ca(OH)_2 + H_2SO_4 \longrightarrow CaSO_4 + 2\,H_2O$

gesucht: m_1 (Calciumhydroxid)   gegeben: m_2 (Schwefelsäure) = 6 g
n_1 = 1 mol n_2 = 1 mol
$M_1 = 74 \text{ g} \cdot \text{mol}^{-1}$ $M_2 = 98 \text{ g} \cdot \text{mol}^{-1}$

Lösung: $\dfrac{m_1}{m_2} = \dfrac{n_1 \cdot M_1}{n_2 \cdot M_2}$

Umformen/Einsetzen:

$m_1 = \dfrac{m_2 \cdot n_1 \cdot M_1}{n_2 \cdot M_2} = \dfrac{6\,\text{g} \cdot 1\,\text{mol} \cdot 74\,\text{g} \cdot \text{mol}^{-1}}{1\,\text{mol} \cdot 98\,\text{g} \cdot \text{mol}^{-1}}$

m_1 = 4,53 g (gerundet)

Um 6 g Schwefelsäure zu neutralisieren, benötigt man **4,53 g Calciumhydroxid**.

2.4 **Gründe:**
   – Grundwasservergiftung z. B. durch Chemikalien und Gülle
   – Beschädigung von Wasserwerken und Rohrleitungssystemen
   – Überflutung der Wohnungen mit schlammigem Wasser

Kläranlage:

Wasseraufbereitungsstufe	Beschreibung
mechanische Reinigung	Rechen, um im Wasser schwimmendes Material zu entfernen
biologische Reinigung	Zufuhr von Luft und Mikroorganismen, um organische Stoffe abzubauen
chemische Reinigung	Zusatz von Chemikalien, um z. B. Bestandteile von Waschmitteln zu entfernen

Maßnahmen:
   – Schadstoffmobil zur Abgabe von Farbbüchsen und Farbresten nutzen
   – Altbatterien vorschriftsmäßig entsorgen (z. B. Autowerkstatt)
   – Motoröl nicht in den Boden/Grundwasser gelangen lassen

Realschulabschluss 2003 Chemie (Sachsen)
Wahlaufgabe 3: Nährstoffe – Kraftstoffe – Kunststoffe

BE

3.1 **Experiment:**
Untersuchen Sie das Verhalten von Zwiebelstücken gegenüber Fehling'scher Lösung.
- Sie erhalten in einem Reagenzglas Zwiebelstücke in Wasser.
  Geben Sie zu gleichen Teilen Fehling'sche Lösung I und II in das Reagenzglas.
  Erhitzen Sie anschließend vorsichtig. (Achtung Siedeverzug!)
- Notieren Sie Ihre Beobachtungen und werten Sie diese aus.

Der nachgewiesene Stoff gehört zu einer Gruppe von Nährstoffen.
- Geben Sie diese Nährstoffgruppe an und nennen Sie zwei weitere zu dieser Gruppe gehörende Stoffe.
- Nennen Sie eine weitere Nährstoffgruppe und deren Grundbausteine. 8

3.2 Aus Zucker kann Ethanol hergestellt werden.

$$C_6H_{12}O_6 \longrightarrow 2\,C_2H_5OH + 2\,CO_2$$

Berechnen Sie die Masse Ethanol, die aus 3 kg Traubenzucker entstehen kann. 4

3.3 Ethanol wird in Brasilien z. B. als Kraftstoff für Pkw verwendet. In Europa hingegen werden Pkw vorwiegend mit Benzin (Hauptbestandteil Octan) betrieben.
- Notieren Sie jeweils für Octan und Ethanol die Strukturformel.
- Vergleichen Sie den Bau der beiden Stoffe, indem Sie eine Gemeinsamkeit und zwei Unterschiede nennen.
- Begründen Sie, weshalb die Nutzung von Kraftstoffen wie Ethanol oder aus Rapsöl hergestelltem Biodiesel umweltverträglicher ist als der Einsatz von Benzin. 6

3.4 Bei der Energiebereitstellung werden Erdgas und Erdöl genutzt.
Entwickeln Sie die Reaktionsgleichung zur vollständigen Oxidation von Methan, dem Hauptbestandteil des Erdgases.
Das Stoffgemisch Erdöl muss aufbereitet werden.
- Notieren Sie das dabei eingesetzte Trennverfahren.
- Welche Eigenschaft der Stoffe wird zum Trennen des Gemisches genutzt? 4

3.5 Erdöl ist ein Ausgangsstoff zur Herstellung von Kunststoffen.
- Nennen Sie zwei Kunststoffe.
- Erläutern Sie die Notwendigkeit des Recyclings von Kunststoffen. $\underline{3}$

25

Lösungen

3.1 Experiment:
- Beobachtung: Bildung eines ziegelroten Niederschlags
- Nährstoffgruppe der Kohlenhydrate – Stärke, Malz- und Fruchtzucker
- Eiweiße – Aminosäuren/Fette – Glycerol und Fettsäuren

3.2 Berechnung:

Reaktionsgleichung:

$$C_6H_{12}O_6 \longrightarrow 2\ C_2H_5OH + 2\ CO_2$$

gesucht: m_1 (Ethanol) gegeben: m_2 (Glucose) = 3 kg
$n_1 = 2$ mol $n_2 = 1$ mol
$M_1 = 46\ \text{g} \cdot \text{mol}^{-1}$ $M_2 = 180\ \text{g} \cdot \text{mol}^{-1}$

Lösung: $\dfrac{m_1}{m_2} = \dfrac{n_1 \cdot M_1}{n_2 \cdot M_2}$

Umformen/Einsetzen:

$$m_1 = \frac{m_2 \cdot n_1 \cdot M_1}{n_2 \cdot M_2} = \frac{3\ \text{kg} \cdot 2\ \text{mol} \cdot 46\ \text{g} \cdot \text{mol}^{-1}}{1\ \text{mol} \cdot 180\ \text{g} \cdot \text{mol}^{-1}}$$

$m_1 = 1{,}53$ g (gerundet)

Aus 3 kg Glucose kann **1,53 kg Ethanol** hergestellt werden.

3.3 Strukturformeln:

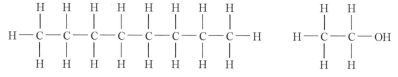

Octan   Ethanol

Gemeinsamkeit – Einfachbindungen zwischen C- und H-Atomen
Unterschiede – z. B. Kettenlänge der C-Atome, Hydroxylgruppe im Ethanolmolekül

Bei der Verbrennung entsteht aus der gleichen Stoffmenge Ethanol weniger Kohlenstoffdioxid als bei Octan. Also wird der natürliche Kohlenstoffkreislauf weniger durch den Menschen belastet. Außerdem ist Zucker ein nachwachsender Rohstoff und das Zuckerrohr oder die Zuckerrüben verbrauchen für die Fotosynthese wieder Kohlenstoffdioxid. Benzin wird aus Erdöl gewonnen – fossiler Rohstoff und Energieträger.

3.4 **Reaktionsgleichung:**

$$CH_4 + 2\,O_2 \longrightarrow CO_2 + 2\,H_2O$$

Als Trennverfahren eignet sich die **fraktionierte Destillation**. Dabei werden die unterschiedlichen Siedetemperaturen der Kohlenwasserstoffe im Erdöl genutzt.

3.5 – Polyethylen (PE) und Polyvinylchlorid (PVC)
– Kunststoffe werden in der Natur nicht von Mikroorganismen abgebaut. Ausgediente Artikel/Gegenstände bleiben als Müll lange erhalten. Also bietet sich die Wiederverwertung an, z. B. Einschmelzen von Gegenständen aus dem gleichen Kunststoff, um neue daraus herzustellen. Der Kunststoff kann auch wieder in seine Monomere (Ausgangsstoffe) zerlegt werden, um neue Polymere für die Industrie zu produzieren.

Realschulabschluss 2003 Chemie (Sachsen)
Wahlaufgabe 4: Salze

BE

4.1 **Experiment:**
Energieumwandlungen sind ein Merkmal jeder chemischen Reaktion.
a) Untersuchen Sie den energetischen Verlauf der chemischen Reaktion eines unedlen Metalls mit Salzsäure.
– Planen Sie Ihr experimentelles Vorgehen und fordern Sie benötigte Geräte und Chemikalien schriftlich an.
– Führen Sie das Experiment durch und notieren Sie Ihre Beobachtung.
– Werten Sie Ihre Beobachtung aus.
– Entwickeln Sie die Reaktionsgleichung.
b) Das Lösen von 3 g Ammoniumchlorid in 10 ml Wasser ist ebenfalls mit energetischen Erscheinungen verbunden. Ermitteln Sie diese experimentell.
– Notieren Sie Ihre Beobachtung.
– Werten Sie Ihre Beobachtung aus. 8

4.2 Der energetische Verlauf einer chemischen Reaktion ist in folgendem Energiediagramm erfasst:

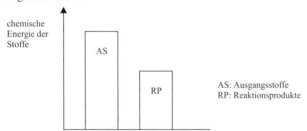

– Geben Sie an, ob in diesem Diagramm eine exotherme oder eine endotherme Reaktion dargestellt ist.
– Setzen Sie beim Vergleich der chemischen Energien der Stoffe aus dem Diagramm das richtige Zeichen (>, =, <) ein.
$E_{Ausgangsstoffe}$ ...... $E_{Reaktionsprodukte}$
– Notieren Sie ein Beispiel aus der Praxis für eine chemische Reaktion mit dem im Diagramm dargestellten energetischen Verlauf. 3

4.3 Nach dem Eindampfen einer Calciumchloridlösung liegen 2 g festes Calciumchlorid vor.
Ermitteln Sie die Masse Calciumhydroxid, die mindestens dazu mit Salzsäure reagieren müsste.
$Ca(OH)_2 + 2\,HCl \longrightarrow CaCl_2 + 2\,H_2O$ 4

4.4 Natriumchlorid ist eine Ionensubstanz.
- Beschreiben Sie den Bau von Natriumchlorid.
- Geben Sie drei Verwendungen von Natriumchlorid an.
- Begründen Sie, weshalb die klaren Lösungen von Natriumchlorid und von Zucker durch eine Prüfung der elektrischen Leitfähigkeit zu unterscheiden wären.
- Beschreiben Sie eine Möglichkeit, die beiden Lösungen mithilfe eines Nachweismittels zu unterscheiden.

$\dfrac{10}{25}$

Lösungen

4.1 Experiment:

a) – Thermometer, Reagenzglasständer, Spatel, verdünnte Salzsäure und einen Magnesiumspan oder ein Zinkgranula, Schutzbrille
Temperatur der Salzsäure vor und nach der Reaktion messen.
- Durchführung und Beobachtung: $T_{vor} < T_{nach}$, Erwärmung des Reagenzglases
- Auswertung: exotherme Reaktion – $E_{chemisch} \longrightarrow E_{thermisch}$
- **Reaktionsgleichung:**

$$Mg + 2\,HCl \longrightarrow MgCl_2 + H_2$$

$$Zn + 2\,HCl \longrightarrow ZnCl_2 + H_2$$

b) – Beobachtung: $T_{vor} > T_{nach}$, Abkühlung des Reagenzglases
- Auswertung: endotherme Reaktion – $E_{thermisch} \longrightarrow E_{chemisch}$

4.2
- Diagramm einer **exothermen** Reaktion
- $E_{Ausgangsstoffe} > E_{Reaktionsprodukte}$
- Praxisbeispiel: Verbrennung von Holz, Koks, Papier, ...

4.3 **Berechnung:**
Reaktionsgleichung:

$$Ca(OH)_2 + 2\,HCl \longrightarrow CaCl_2 + 2\,H_2O$$

gesucht: m_1 (Calciumhydroxid)   gegeben: m_2 (Calciumchlorid) = 3 kg
$n_1 = 1$ mol $n_2 = 1$ mol
$M_1 = 74\ g \cdot mol^{-1}$ $M_2 = 111\ g \cdot mol^{-1}$

Lösung: $\dfrac{m_1}{m_2} = \dfrac{n_1 \cdot M_1}{n_2 \cdot M_2}$

Umformen/Einsetzen:

$$m_1 = \frac{m_2 \cdot n_1 \cdot M_1}{n_2 \cdot M_2} = \frac{2\,g \cdot 1\,mol \cdot 74\,g \cdot mol^{-1}}{1\,mol \cdot 111\,g \cdot mol^{-1}}$$

$m_1 = 1{,}33$ g (gerundet)

1,33 g Calciumhydroxid müssen für die Bildung von 2 g Calciumchlorid eingesetzt werden.

4.4 – Natriumchlorid ist aus Natrium- und Chloridionen aufgebaut, die durch Ionenbindung zusammenhalten und einen Ionenverband bilden, in dem die Ionen regelmäßig angeordnet sind.
– Speisewürze, Konservierungsmittel, Streusalz, Gewinnung von Chlor
– In einer Natriumchloridlösung sind die Ionen im Gegensatz zum Feststoff frei beweglich und können als Ladungsträger den elektrischen Strom leiten.
Zucker ist eine Molekülsubstanz. Die Lösung leitet keinen Strom.
– Silbernitratlösung könnte zur Unterscheidung der beiden Lösungen eingesetzt werden. In der Natriumchloridlösung bildet sich ein weißer Niederschlag von Silberchlorid (Nachweis der Chloridionen). In der Zuckerlösung bildet sich kein Niederschlag, weil sie keine Chloridionen enthält.

Realschulabschluss 2004 Chemie (Sachsen)
Pflichtaufgabe 1: Stoffe – Teilchen – Chemische Reaktionen

		BE
1.1	Ihnen werden folgende Experimente demonstriert:	
	a) Ein Magnesiumspan wird verbrannt.	
	b) Das Reaktionsprodukt wird in Wasser gegeben, das vorher mit Universalindikatorlösung versetzt wurde.	
	– Notieren Sie Ihre Beobachtungen.	
	– Geben Sie Name und Formel des Reaktionsproduktes aus Experiment a an.	
	– Erläutern Sie am Beispiel von Experiment a zwei Merkmale chemischer Reaktionen.	
	– Entwickeln Sie die Reaktionsgleichung für die im Experiment b abgelaufene chemische Reaktion.	9
1.2	Brennendes Magnesium reagiert mit Wasser. Dabei läuft eine Redoxreaktion ab:	
	$Mg + H_2O \longrightarrow MgO + H_2$	
	– Kennzeichnen Sie die Teilreaktionen.	
	– Welche Funktion hat das Wasser bei dieser chemischen Reaktion?	
	– Schlagen Sie eine Möglichkeit zum Löschen von brennendem Magnesium vor und begründen Sie Ihren Vorschlag.	5
1.3	Der Atombau bestimmt die Stellung eines chemischen Elements im Periodensystem der Elemente.	
	– Wählen Sie aus der II. Hauptgruppe des Periodensystems ein Element aus der dritten oder vierten Periode aus. Geben Sie Name und Symbol dieses Elements an.	
	– Begründen Sie mit Ihren Kenntnissen über den Atombau, warum dieses Element an diesem Platz im Periodensystem steht. Treffen Sie drei Aussagen.	
	– Geben Sie die Stoffklasse an, zu der Ihr ausgewähltes Element gehört.	
	– Notieren Sie das chemische Zeichen für das Ion des ausgewählten Elements und begründen Sie die elektrische Ladung des Ions.	7
1.4	In einer Chemikaliensammlung fehlen die Etiketten an den Gefäßen für die festen Stoffe Bariumchlorid und Bariumhydroxid.	
	Beschreiben Sie zwei Möglichkeiten, diese Stoffe experimentell zu unterscheiden.	4
		25

Lösungen

1.1 Demonstrationsexperimente:
a) Der Magnesiumspan verbrennt unter greller Lichterscheinung. Dabei entsteht Wärme und ein weißes Pulver.
b) Wird das weiße Pulver in Wasser gegeben, dann verfärbt sich der darin befindliche Indikator von „Grün" nach „Blau".
- Name: Magensiumoxid, Formel: MgO
- Bei einer chemischen Reaktion findet eine Stoffumwandlung statt. Aus silberglänzendem Magnesiummetall entsteht ein weißer, fester Stoff.
  Bei einer chemischen Reaktion findet gleichzeitig eine Energieumwandlung statt. Da Wärme frei wird, handelt es sich um eine exotherme Reaktion. Bei einer exothermen Reaktion wird chemische Energie in thermische umgewandelt.
- $MgO + H_2O \longrightarrow Mg(OH)_2$

1.2
- Teilreaktionen:

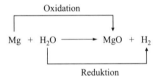

- Wasser hat die Funktion eines Oxidationsmittels.
- Brennendes Magnesium sollte mit Sand oder einer Feuerlöschdecke erstickt werden.

1.3
- Calcium/Ca

Atombau	Stellung im PSE
20 Protonen im Atomkern	Ordnungszahl 20
4 besetzte Elektronenschalen	4. Periode
2 Außenelektronen	II. Hauptgruppe

- Stoffklasse der Metalle (Erdalkalimetall)
- Ca^{2+}: Das Ion ist zweifach positiv geladen, weil das Atom ursprünglich zwei Außenelektronen besaß. Gibt das Atom seine zwei Außenelektronen bei einer chemischen Reaktion ab, dann verbleiben für das Ion noch 20 Protonen im Atomkern und 18 Elektronen in der Atomhülle. Die Summe der Ladungen entspricht dann der Ladung des Ions (Anzahl und Art der Ladungen).

1.4

Möglichkeit 1	Möglichkeit 2
Jeder Stoff wird für sich in Wasser gelöst	
Man prüft die Lösungen mit Universalindikatorlösung. Bariumhydroxidlösung (Barytwasser) färbt den Indikator blau. In Bariumchloridlösung bleibt der Indikator grün.	Man prüft die Lösungen mit Silbernitratlösung. In der Bariumchloridlösung bildet sich ein weißer Niederschlag, in der Bariumhydroxidlösung dagegen nicht.

Realschulabschluss 2004 Chemie (Sachsen)
Wahlaufgabe 2: Wässrige Lösungen

BE

2.1 In mit A, B, und C gekennzeichneten Reagenzgläsern befinden sich wässrige Lösungen von Schwefelsäure, Calciumhydroxid und Bariumchlorid.
  a) Prüfen Sie die Lösungen mit je einem Streifen Universalindikatorpapier (Unitestpapier).
   – Notieren Sie Ihre Beobachtungen.
   – Ordnen Sie den Reagenzgläsern die jeweils enthaltenen Lösungen zu.
   – Geben Sie den Namen und das chemische Zeichen der nachgewiesenen Teilchen im Reagenzglas A an.
  b) Versetzen Sie die Lösung im Reagenzglas A mit einem Teil der Lösung aus dem Reagenzglas B.
   – Notieren Sie Ihre Beobachtungen.
   – Geben Sie die Namen der Teilchen an, die miteinander reagiert haben und entwickeln Sie für diese chemische Reaktion die Reaktionsgleichung in Ionenschreibweise.
   – Nennen Sie zwei Eigenschaften des Reaktionsproduktes. 9

2.2 Die beim Abbau von Salzen gewonnene Sole ist eine wässrige Lösung, in der z. B. Natriumchlorid, Kaliumchlorid und Natriumcarbonat gelöst vorliegen.
  – Geben Sie die chemischen Zeichen aller Ionen an, die sich in der Lösung befinden.
  – Nennen Sie zwei Verwendungsmöglichkeiten für ein in der Sole enthaltenes Salz.
  – Nennen Sie zwei Möglichkeiten, feste Salze aus der Lösung zu gewinnen. Beschreiben Sie eine davon. 7

2.3 Das Salz Ammoniumnitrat ist ein Düngemittel.
  – Berechnen Sie die Masse an Ammoniumnitrat, die entsteht, wenn 30 t Ammoniak mit Salpetersäure umgesetzt werden.
   $NH_3 + HNO_3 \longrightarrow NH_4NO_3$
  – Nennen Sie eine Voraussetzung, die ein Salz erfüllen muss, um als Düngemittel verwendet werden zu können. 5

2.4 Im Haushalt wird mit verschiedenen Lösungen gearbeitet, so z. B. mit Kochsalzlösung (pH ~ 7), Waschmittellösung (pH > 7) und Essigsäurelösung (pH < 7).
  – Leiten Sie aus den angegebenen pH-Werten die Eigenschaft der jeweiligen Lösung ab.
  – Geben Sie zwei Verwendungen für die Essigsäurelösung an.
  Haushaltabwässer werden im Klärwerk chemisch aufbereitet. Dabei läuft auch folgende chemische Reaktion ab:
  $H^+ + OH^- \longrightarrow H_2O$
  Wie heißt diese chemische Reaktion? 4

$\overline{25}$

Lösungen

2.1 a)

Reagenzglas A	Rotfärbung	Schwefelsäure
Reagenzglas B	keine Farbänderung	Bariumchlorid
Reagenzglas C	Blaufärbung	Calciumhydroxid

Im Reagenzglas A sind Wasserstoff-Ionen/H^+ vorhanden.

b) – Es bildet sich ein weißer Niederschlag.
– Der Niederschlag entsteht durch die Reaktion von Barium-Ionen mit Sulfat-Ionen.

$$Ba^{2+} + SO_4^{2-} \longrightarrow BaSO_4$$

– Bei dem Niederschlag handelt es sich um einen weißen, festen und schwer löslichen Stoff.

2.2

– Na^+, K^+, Cl^-, CO_3^{2-}
– Die Sole enthält gelöstes Natriumchlorid/Kochsalz. Es dient als Speisewürze und Konservierungsstoff.
– Eindampfen und Verdunsten: Beim Eindampfen wird die Lösung so lange im Reagenzglas erhitzt, bis das Wasser verdampft ist. Zurück bleibt das feste Kochsalz.

2.3 Berechnung:

gesucht: m_1(Ammoniumnitrat)   gegeben: m_2(Ammoniak) = 30 t
$n_1 = 1$ mol $n_2 = 1$ mol
$M_1 = 80 \text{ g} \cdot \text{mol}^{-1}$ $M_2 = 17 \text{ g} \cdot \text{mol}^{-1}$

Lösung: $\dfrac{m_1}{m_2} = \dfrac{n_1 \cdot M_1}{n_2 \cdot M_2}$

Umformen/Einsetzen:

$$m_1 = \frac{m_2 \cdot n_1 \cdot M_1}{n_2 \cdot M_2} = \frac{30\,\text{t} \cdot 1\,\text{mol} \cdot 80\,\text{g} \cdot \text{mol}^{-1}}{1\,\text{mol} \cdot 17\,\text{g} \cdot \text{mol}^{-1}}$$

$\underline{\underline{m_1 = 141,2 \text{ t (gerundet)}}}$

Aus 30 t Ammoniak kann man etwa 141,2 t Ammoniumnitrat herstellen.
Voraussetzung: Ammoniumnitrat muss wasserlöslich sein.

2.4

Lösung	Eigenschaft
Kochsalzlösung	neutral
Waschmittellösung	basisch
Essigsäurelösung	sauer

– Essigsäure kann als Speiswürze und Konservierungsmittel eingesetzt werden.
– Es handelt sich um eine Neutralisation.

Realschulabschluss 2004 Chemie (Sachsen)
Wahlaufgabe 3: Sauerstoff – Wasserstoff – Kohlenstoffdioxid

BE

3.1 Die drei farblosen, geruchlosen Gase Sauerstoff, Wasserstoff und Kohlenstoffdioxid haben Bedeutung in Natur, Alltag und Technik.
– Stellen Sie je zwei weitere Eigenschaften der genannten Gase tabellarisch gegenüber.
– Ordnen Sie die angegebenen Verwendungsmöglichkeiten den drei Gasen zu: Füllung für Wetterballons, Beatmungsgeräte, Energieträger bei Brennstoffzellen, Feuerlöscher, Antrieb von Raketen, „Trockeneis" als Kühlmittel. 6

3.2 **Experimente:**
Stellen Sie zwei der genannten drei Gase durch das Einwirken von Salzsäure auf zwei verschiedene feste Stoffe dar.
Sie erhalten dazu die festen Stoffe in mit A und B gekennzeichneten Reagenzgläsern und Salzsäure.
– Beschreiben Sie zunächst die festen Stoffe und geben Sie an, um welche Stoffe es sich vermutlich handelt.
Tipp: Ein Stoff wird im Fahrzeug- bzw. Flugzeugbau verwendet. Der andere wird zur Herstellung von Baustoffen genutzt und ganze Gebirge können aus ihm bestehen.
– Versetzen Sie die festen Stoffe jeweils mit etwa 2 mL Salzsäure und notieren Sie Ihre Beobachtungen.
– Geben Sie Name und Formel des jeweils entstehenden gasförmigen Reaktionsproduktes an. 7

3.3 Drei Standzylinder wurden mit den unter 3.1 genannten Gasen gefüllt.
– Übernehmen Sie die folgende Tabelle in Ihre Arbeit und ergänzen Sie die fehlenden Angaben.

Gas im Standzylinder			
brennender bzw. glühender Holzspan	flammt auf		entzündet das Gas
Calciumhydroxidlösung (Kalkwasser)	bleibt farblos		bleibt farblos
Name des Gases		Kohlenstoffdioxid	

– Entwickeln Sie für die chemische Reaktion von einem der Gase mit Calciumhydroxidlösung (Kalkwasser) die Reaktionsgleichung.
$Ca(OH)_2 + \ldots \longrightarrow \ldots + \ldots$ 6

3.4 Der Anteil von Kohlenstoffdioxid in der Luft ist in den letzten Jahrzehnten angestiegen.
– Erläutern Sie, welche Auswirkungen diese Zunahme auf die Umwelt hat. Nutzen Sie die folgende Abbildung und zwei der vorgegebenen Stichworte.

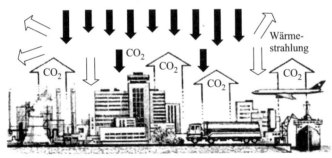

Verbrennung fossiler Brennstoffe …
Sonneneinstrahlung …
Wärmeabstrahlung …
Pflanzen nehmen Kohlenstoffdioxid auf …
Treibhauseffekt

3.5 Bei der Fotosynthese bilden grüne Pflanzen Sauerstoff.

$$6\,CO_2 + 6\,H_2O \longrightarrow C_6H_{12}O_6 + 6\,O_2$$

Berechnen Sie das Volumen an Sauerstoff, das beim Umsatz von 1 000 Liter Kohlenstoffdioxid entsteht.

Lösungen

3.1

	Eigenschaften	Verwendung
Sauerstoff	Dichte > Luft, unbrennbar	Beatmungsgeräte, Antrieb von Raketen
Wasserstoff	Dichte < Luft, brennbar	Füllung von Wetterballons, Energieträger bei Brennstoffzellen
Kohlenstoffdioxid	Dichte > Luft, unbrennbar	Feuerlöscher, Trockeneis als Kühlmittel

3.2
- Im Reagenzglas A befindet sich ein weißer, pulverförmiger Stoff. Es handelt sich um Calciumcarbonat.
  Im Reagenzglas B befindet sich ein silberglänzender, metallischer Stoff. Es handelt sich um Magnesium.
- In beiden Reagenzgläsern ist ein Zischen zu hören. Außerdem ist ein Aufschäumen zu beobachten.

	Name	Formel
Reagenzglas A	Kohlenstoffdioxid	CO_2
Reagenzglas B	Wasserstoff	H_2

3.3

Gas im Standzylinder			
Brennender bzw. glühender Holzspan	flammt auf	**geht aus**	entzündet das Gas
Calciumhydroxidlösung (Kalkwasser)	bleibt farblos	**trübt sich**	bleibt farblos
Name des Gases	**Sauerstoff**	Kohlenstoffdioxid	**Wasserstoff**

Reaktionsgleichung: $Ca(OH)_2 + CO_2 \longrightarrow CaCO_3 + H_2O$

3.4 Durch die Verbrennung fossiler Brennstoffe entsteht Kohlenstoffdioxid. Pflanzen nehmen zwar Kohlenstoffdioxid auf, infolge des Überangebotes an Kohlenstoffdioxid wird aber der Treibhauseffekt gefördert.

3.5 **Berechnung:**

gesucht: V_1 (Sauerstoff)   gegeben: V_2 (Kohlenstoffdioxid) = 1 000 L
            n_1 = 6 mol n_2 = 6 mol

$$\frac{V_1}{V_2} = \frac{n_1}{n_2}$$

Lösung:

$$\frac{V_1}{V_2} = \frac{6 \text{ mol}}{6 \text{ mol}} \quad |\cdot 1\,000 \text{ L}$$

$$\underline{\underline{V_1 = 1000 \text{ L}}}$$

Wenn 1 000 L Kohlenstoffdioxid umgesetzt werden, entstehen auch 1 000 L Sauerstoff, da Kohlenstoffdioxid und Sauerstoff im Stoffmengen-/Volumenverhältnis 1 : 1 stehen.

Realschulabschluss 2004 Chemie (Sachsen)
Wahlaufgabe 4: Energieträger

BE

4.1 **Experimente:**
Sie erhalten die Flüssigkeiten Ethanol und Benzin in mit A und B gekennzeichneten Reagenzgläsern.
a) Prüfen Sie die Brennbarkeit der Stoffe an einer kleinen Stoffprobe.
b) Versetzen Sie die in den Reagenzgläsern verbliebenen Reste der Stoffe mit etwa 2 mL Wasser.
 – Notieren Sie Ihre Beobachtungen zu den Experimenten a und b.
 – Begründen Sie, in welchem Reagenzglas sich Benzin befindet.
 – Treffen Sie eine Aussage zum energetischen Verlauf der chemischen Reaktionen im Experiment a. Gehen Sie dabei auch auf die Energie von Ausgangsstoffen und Reaktionsprodukten ein.
 – Notieren Sie die zwei Reaktionsprodukte, die bei der vollständigen Verbrennung beider Stoffe entstehen.
 – Geben Sie eine weitere Möglichkeit zur Unterscheidung von Ethanol und Benzin an.

8

4.2 Die Energiebereitstellung durch Kraftwerke ist in vielen Fällen mit dem Ausstoß von Luftschadstoffen verbunden. Der 2. Umweltbericht der Stadtwerke Leipzig GmbH enthält dazu folgende Angaben:

Schadstoff	Ausstoß in t	
	Jahr 1990	**Jahr 2000**
Kohlenstoffdioxid	732 000	304 000
Stickoxide	11 582	4 203
Schwefeldioxid	12 5797	8 068
Staub	19 110	1 971

 – Vergleichen Sie die Werte.
 – Notieren Sie zwei mögliche Gründe für die unterschiedlichen Werte in den Jahren 1990 und 2000
 – Wählen Sie einen Luftschadstoff aus und erläutern Sie dessen Wirkung auf den Menschen und seine Umwelt.
 – Nennen Sie vier in Sachsen genutzte Möglichkeiten zur Energiebereitstellung.
 – Erörtern Sie eine der von Ihnen angeführten Möglichkeiten.

9

4.3 Feuerzeuge sind mit Butan gefüllt.
Errechnen Sie das Volumen Sauerstoff, das bei der vollständigen Oxidation von 1,5 g Butan verbraucht wird:

$$2\,C_4H_{10} + 13\,O_2 \longrightarrow 8\,CO_2 + 10\,H_2O \qquad 4$$

4.4 Ethin (Acetylen) wird zum Schweißen verwendet.
- Entwickeln Sie die Reaktionsgleichung für die Verbrennung von Ethin.
- Erstellen Sie einen „Steckbrief" für Ethin, der mindestens vier Angaben enthält.

$$\frac{4}{25}$$

Lösungen

4.1

	Brennbarkeit	**Wasserlöslichkeit**
Reagenzglas A	brennbar	wasserlöslich
Reagenzglas B	brennbar	wasserunlöslich/Trennschicht

- Im Reagenzglas B befindet sich Benzin. Benzin schwimmt aufgrund seiner geringeren Dichte auf dem Wasser. Kohlenwasserstoffe mischen sich nicht mit Wasser. Sie sind wasser„feindlich".
- Im Experiment a handelt es sich um eine exotherme Reaktion. Die Energie der Ausgangsstoffe ist größer als die der Reaktionsprodukte.
- Bei der vollständigen Verbrennung entstehen Wasser und Kohlenstoffdioxid.
- Unterscheidung am Geruch, Nachweis von Mehrfachbindungen im Benzin.

4.2
- Der Ausstoß aller genannten Schadstoffe ist im Jahr 2000 geringer.
- Verbesserte Autokatalysatoren und Filteranlagen sind z. B. dafür verantwortlich.
- Stickoxide sind schädlich für die menschlichen Atmungsorgane. Außerdem bilden sie mit Regenwasser den sauren Regen. Er verursacht Baumschäden und Gewässer werden eventuell so sauer, dass Fische darin nicht mehr leben können.
- Wasserkraftwerke, Windräder, Wärmekraftwerke, Solaranlagen
- Solaranlagen sind sehr umweltfreundlich. Sie nutzen die Sonnenenergie (Licht). Es fallen keinerlei Abgase an.

4.3 Berechnung:

gesucht: V_1 (Sauerstoff)   gegeben: m_2 (Butan) = 1,5 g
n_1 = 13 mol n_2 = 2 mol
V_m = 22,4 L · mol^{-1} M_2 = 58 g · mol^{-1}

Lösung: $\dfrac{V_1}{m_2} = \dfrac{n_1 \cdot V_m}{n_2 \cdot M_2}$

Umformen/Einsetzen:

$V_1 = \dfrac{m_2 \cdot n_1 \cdot V_m}{n_2 \cdot M_2} = \dfrac{1,5\,\text{g} \cdot 13\,\text{mol} \cdot 22,4\,\text{L} \cdot \text{mol}^{-1}}{2\,\text{mol} \cdot 58\,\text{g} \cdot \text{mol}^{-1}}$

$\underline{\underline{V_1 = 3,8\,\text{L (gerundet)}}}$

Für die Verbrennung von 1,5 g Butan werden etwa 3,8 Liter Sauerstoff benötigt.

4.4
- $2\,C_2H_2 + 5\,O_2 \longrightarrow 4\,CO_2 + 2\,H_2O$
- Steckbrief: ungesättigter Kohlenwasserstoff, Dreifachbindung, Schweißgas, Alkin

Realschulabschluss 2005 Chemie (Sachsen)
Pflichtaufgabe 1: Stoffe – Teilchen – Chemische Reaktionen

BE

1.1 Ihnen werden folgende Experimente demonstriert:
   a) Ein Teil einer farblosen Lösung wird mit Universalindikator-Lösung geprüft.
   b) In einen zweiten Teil dieser farblosen Lösung wird ein Stück Marmor (Calciumcarbonat) gegeben.
   – Notieren Sie Ihre Beobachtung zu den Experimenten a) und b).
   – Geben Sie Name und Formel der Teilchen an, die im Experiment a) nachgewiesen wurden.
   – Schließen Sie aus Ihrer Beobachtung zum Experiment a) auf die charakteristische Eigenschaft der farblosen Lösung.
   – Geben Sie Name und Formel für zwei Stoffe an, die möglicherweise als farblose Lösung eingesetzt wurden.
   Eine brennende Kerze würde im Gefäß während des Experimentes b) verlöschen. Erläutern Sie diese Erscheinung. 8

1.2 Die im Experiment benutzte chemische Verbindung Calciumcarbonat setzt sich aus mehreren Elementen zusammen, deren Atombau aus dem Periodensystem ableitbar ist.
   – Nennen Sie die chemischen Elemente, aus denen Calciumcarbonat aufgebaut ist.
   – Begründen Sie mit dem Atombau eines der Elemente, warum dieses Element an seinem Platz im Periodensystem steht. Treffen Sie drei Aussagen.
   – Zeichnen und beschriften Sie das Schalenmodell für ein Atom des ausgewählten Elementes.
   – Geben Sie die Stoffklasse an, zu der das ausgewählte Element gehört. 7

1.3 Kalkdüngemittel enthalten Calciumcarbonat und Calciumhydroxid. Düngemittel werden für die Pflanzen erst in Form von Ionen verfügbar.
   – Entwickeln Sie die Reaktionsgleichung für das Lösen von Calciumhydroxid.
   – Erläutern Sie die chemische Reaktion, die beim Einwirken von Calciumhydroxid auf einen sauren Boden abläuft. Gehen Sie nur auf die reagierenden Teilchen ein.
   – Beschreiben Sie, wie sich der pH-Wert eines sauren Bodens beim Einsatz eines Kalkdüngemittels ändert. 7

1.4 Für die Herstellung von Kalkdüngemitteln wird in der Natur vorkommender Kalkstein (Calciumcarbonat) im Schachtofen bei etwa 1 000 °C „gebrannt". Ein Produkt ist der so genannte Branntkalk (Calciumoxid).
   – Erläutern Sie an diesem Beispiel ein Merkmal chemischer Reaktionen.
   – Notieren Sie ein weiteres Merkmal chemischer Reaktionen. $\underline{3}$
   25

Lösungen

1.1 – **Beobachtungen:** Experiment a): Rotfärbung der Universalindikator-Lösung
Experiment b): Aufschäumen, Bläschenbildung
– Wasserstoff-Ion: H^+
– saure Lösung oder Säure
– Salzsäure: HCl
Essigsäure: CH_3COOH
– Kohlenstoffdioxid-Bildung, erstickende Wirkung

1.2 – Calcium, Kohlenstoff und Sauerstoff
– Beispiel Calcium: • 20 Protonen im Kern, deshalb Ordnungszahl 20
• vier besetzte Elektronenschalen, deshalb vierte Periode
• zwei Außenelektronen, deshalb zweite Hauptgruppe
– Schalenmodell des Calciumatoms:

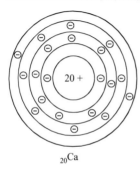

– Stoffklasse: Metalle

1.3 – $Ca(OH)_2 \longrightarrow Ca^{2+} + 2\,OH^-$
– Im Boden reagieren die Wasserstoff-Ionen mit den Hydroxid-Ionen des Düngers zu Wassermolekülen. Es findet eine Neutralisation statt.
– angenommenes Beispiel: pH-Wert der Bodenlösung = 5
Einsatz des Kalkdüngers: Erhöhung des pH-Wertes beispielsweise auf 7 (neutral)

1.4 – Energieumwandlung: Das Kalkbrennen ist eine endotherme Reaktion, also wird Wärme in chemische Energie umgewandelt.
– Eine Stoffumwandlung findet statt.

Realschulabschluss 2005 Chemie (Sachsen)
Wahlaufgabe 2: Lösungen

BE

2.1 Wasser ist ein gutes Lösungsmittel für viele Stoffe.
  – Ordnen Sie folgende Chemikalien aus dem Alltag nach ihrer charakteristischen Eigenschaft der Lösung. Übernehmen Sie dazu die Tabelle in Ihre Arbeit und ergänzen Sie diese.

  Vollwaschmittel, Essig, Kernseife, Kochsalz, Salzsäure, Traubenzucker

charakteristische Eigenschaft der Lösung	Beispiel
sauer	

  – Begründen Sie das Verhalten einer Zucker-Lösung und einer Kochsalz-Lösung beim Prüfen auf elektrische Leitfähigkeit.   7

2.2 **Experiment:**
  Sie erhalten ein Gefäß mit einer unbekannten wässrigen Lösung. Mithilfe von Magnesiumspänen, Silbernitrat-Lösung und Bariumchlorid-Lösung sollen Sie ermitteln, um welche Lösung es sich handelt.
  – Prüfen Sie die Lösung mit jeder der gegebenen Chemikalien.
  – Notieren Sie Ihre Beobachtungen zu jedem Teilexperiment.
  – Werten Sie Ihre Beobachtungen aus.
  – Entwickeln Sie die Reaktionsgleichung für die chemische Reaktion, bei der sich ein Niederschlag gebildet hat.
  – Stellen Sie eine Vermutung auf, um welche Lösung es sich handelt.
  – Wie könnten Sie Ihre Vermutung experimentell bestätigen?   9

2.3 Essig wird im Handel als 5 %-ige und 20 %-ige Lösung angeboten.
  – Geben Sie an, wie viel reine Essigsäure in jeweils 100 g der Lösungen enthalten sind.
  – Notieren Sie drei Verwendungsmöglichkeiten für Essigsäure-Lösung.
  – Leiten Sie aus einer Eigenschaft zwei Maßnahmen zum Umgang mit konzentrierten Säurelösungen ab.   5

2.4 Säurelösungen reagieren mit Carbonaten.
  Berechnen Sie das Volumen an Kohlenstoffdioxid, das bei der chemischen Reaktion von 2,5 g Calciumcarbonat mit Schwefelsäure entstehen kann.
  $CaCO_3 + H_2SO_4 \longrightarrow CaSO_4 + H_2O + CO_2$ 4

  25

Lösungen

2.1

charakteristische Eigenschaft der Lösung	Beispiel
sauer	Essig, Salzsäure
basisch	Vollwaschmittel, Kernseife
neutral	Traubenzucker, Kochsalz

- Im Gegensatz zur Zucker-Lösung leitet die Kochsalz-Lösung den Strom. Die Kochsalz-Lösung enthält frei bewegliche Natrium- und Chlorid-Ionen. Die Zucker-Lösung enthält keine frei beweglichen Ionen.

2.2
- Durchführung: Aufteilen der unbekannten Lösung für drei Versuche
- **Beobachtungen:**
  - Zugabe eines Magnesiumspans: Aufschäumen
  - Zugabe von Silbernitrat-Lösung: keine Veränderung der Lösung
  - Zugabe von Bariumchlorid-Lösung: weißer Niederschlag
- **Auswertung:**
  - Gasbildung, Entstehung von Wasserstoff
  - keine Chlorid-Ionen vorhanden
  - Sulfat-Ionen in der unbekannten Lösung
- **Reaktionsgleichung:** $Ba^{2+} + SO_4^{2-} \longrightarrow BaSO_4$
- **Vermutung:** Es handelt sich um verdünnte Schwefelsäure.
- Rotfärbung eines Unitestpapier-Streifens

2.3
- Essigsäure im Handel:
  - 5 %-ig: 5 g auf 100 g Lösung
  - 20 %-ig: 20 g auf 100 g Lösung
- Speisewürze, Konservierungs- und Reinigungsmittel
- ätzend: Schutzbrille, Schutzkleidung tragen

2.4 Berechnung:

gesucht: V_1(Kohlenstoffdioxid)   gegeben: $m_2 = 2{,}5$ g
$n_1 = 1$ mol $n_2 = 1$ mol
$V_m = 22{,}4$ L·mol^{-1} $M_2 = 100$ g·mol^{-1}

Lösung: $\dfrac{V_1}{m_2} = \dfrac{n_1 \cdot V_m}{n_2 \cdot M_2}$

Umformen/Einsetzen:

$$V_1 = \frac{m_2 \cdot n_1 \cdot V_m}{n_2 \cdot M_2} = \frac{2{,}5\,\text{g} \cdot 1\,\text{mol} \cdot 22{,}4\,\text{L} \cdot \text{mol}^{-1}}{1\,\text{mol} \cdot 100\,\text{g} \cdot \text{mol}^{-1}}$$

$\underline{\underline{V_1 = 0{,}56\,\text{L}}}$

Aus 2,5 g Calciumcarbonat lassen sich 0,56 L Kohlenstoffdioxid herstellen.

Realschulabschluss 2005 Chemie (Sachsen)
Wahlaufgabe 3: Organische Verbindungen

BE

3.1 Erdgas gilt als der sauberste unter den fossilen Energieträgern, aufgrund der geringen Rußbildung bei seiner Verbrennung. Seine Zusammensetzung hängt von der jeweiligen Lagerstätte ab.

Bestandteile des Erdgases	Zusammensetzung des Erdgases in %	
	Lagerstätte Handle-Hogoton Texas, USA	Lagerstätte Croningen Niederlande
Stickstoff	12,97	14,32
Sauerstoff	2,01	0,01
Kohlenstoffdioxid	0,52	0,86
Methan	76,18	81,30
Ethan	4,05	2,84
Propan	2,55	0,43
Butan	1,33	0,14
Pentan	0,63	0,08
Hexan	–	0,02

Quelle: www.erdgasinfo.de

- Suchen Sie aus der Tabelle den Hauptbestandteil des Erdgases heraus.
- Entwickeln Sie die Reaktionsgleichung für die Verbrennung dieses Bestandteils.
- Notieren Sie die Strukturformel für zwei weitere organische Verbindungen, die im Erdgas vorkommen.
- Ordnen Sie die organischen Stoffe aus der Tabelle einer Stoffklasse zu und geben Sie das gemeinsame Strukturmerkmal an. 6

3.2 **Experimente:**
Ermitteln Sie, in welchem der mit A, B und C gekennzeichneten Reagenzgläsern sich Wasser, Traubenzucker-Lösung und Citronensäure-Lösung befindet.
- Entwickeln Sie einen Plan für Ihr experimentelles Vorgehen und legen Sie diesen dem Lehrer vor.
- Führen Sie die Experimente durch und notieren Sie Ihre Beobachtungen.
- Ordnen Sie die Stoffe den Reagenzgläsern A, B und C zu. 7

3.3 Traubenzucker ist Grundbaustein einer Nährstoffgruppe.
- Um welche Nährstoffgruppe handelt es sich dabei?
- Geben Sie zwei weitere Vertreter dieser Nährstoffgruppe an.
- Nennen Sie die zwei weiteren Nährstoffgruppen und deren Grundbausteine. 5

3.4 Traubenzucker wird auch zum „Genussmittel" Ethanol vergoren.
Lesen Sie den folgenden Text zum Alkoholkonsum von Jugendlichen.

Befragungen von Jugendlichen belegen, dass 1 % der 12- bis 13-Jährigen und 16 % der 14- bis 15-Jährigen mindestens einmal pro Woche Alkohol konsumieren. Bei Jugendlichen zwischen 16 und 21 Jahren liegt der Wert bei 37 %.
Alcopops sind gegenwärtig die beliebtesten alkoholischen Getränke, gefolgt von Bier, Wein und Sekt.

Äußern Sie sich zusammenhängend über die Probleme, die sich aus den angeführten Fakten ergeben. Gehen Sie dabei auf zeitweilige und dauerhafte Auswirkungen des Alkoholkonsums bei Jugendlichen ein. 3

3.5 Ethanol wird auch zur Herstellung von Duftstoffen verwendet.

Berechnen Sie die Masse Ethanol, die zur Bildung von 5,0 g Ethansäureethylester mindestens reagieren muss.

$CH_3COOH + C_2H_5OH \longrightarrow CH_3COOC_2H_5 + H_2O$ 4

25

Lösungen

3.1
- Hauptbestandteil: Methan
- **Reaktionsgleichung:** $CH_4 + 2\,O_2 \longrightarrow CO_2 + 2\,H_2O$
- **Strukturformeln:**

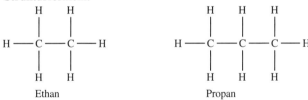

    Ethan   Propan

- **Stoffklasse:** Kohlenwasserstoffe (gesättigt) oder Alkane
- gemeinsames Strukturmerkmal: Einfachbindung zwischen den Kohlenstoffatomen

3.2 **experimenteller Plan:**
- Nachweismittel: Universalindikator-Lösung und Fehling'sche Lösungen I und II
- Vorgehen: Citronensäure färbt den Indikator rot. Die anderen beiden Lösungen reagieren neutral. Traubenzucker bildet beim Erhitzen mit Fehling'scher Lösung einen ziegelroten Niederschlag. Wasser reagiert nicht mit Fehling'scher Lösung.

Beobachtungen:
- Reagenzglas A: Rotfärbung des Indikators
- Reagenzglas B: keine Veränderung der Fehling'schen Lösung
- Reagenzglas C: Bildung eines ziegelroten Niederschlags

RG A: Citronensäure-Lösung
RG B: Wasser
RG C: Traubenzucker-Lösung

3.3
- Nährstoffgruppe: Kohlenhydrate
- Stärke, Speisezucker
- Eiweiße: Aminosäuren als Grundbausteine
  Fette: Glycerol und Fettsäuren als Grundbausteine

3.4 Der Alkoholkonsum bei manchen Jugendlichen setzt schon sehr früh mit einem Alter von nur 12 Jahren ein. Mit fortschreitendem Alter nimmt die Zahl der Jugendlichen mit wöchentlichem Alkoholgenuss zu. Etwa ein Drittel aller Jugendlichen zwischen 16 und 21 Jahren konsumiert einmal in der Woche Alkohol, wobei v. a. Alcopops sehr beliebt sind, die einen beträchtlichen Alkoholanteil aufweisen.
Viele Jugendliche treten motorisiert in der Öffentlichkeit auf. Alkohol wirkt sich zeitweilig auf Reaktionszeiten und Sehtüchtigkeit beim Fahren aus. Langfristig gesehen ist Alkohol ein Zell- und Nervengift. Gehirnzellen sterben ab. Zellen und Gewebe anderer Organe, wie z. B. die der Leber, können durch ständigen Alkoholgenuss ebenfalls zerstört werden.

3.5 **Berechnung:**

gesucht: m_1(Ethanol) gegeben: $m_2 = 5{,}0$ g
$n_1 = 1$ mol $n_2 = 1$ mol
$M_1 = 46$ g·mol^{-1} $M_2 = 88$ g·mol^{-1}

Lösung: $\dfrac{m_1}{m_2} = \dfrac{n_1 \cdot M_1}{n_2 \cdot M_2}$

Umformen/Einsetzen:

$m_1 = \dfrac{m_2 \cdot n_1 \cdot M_1}{n_2 \cdot M_2} = \dfrac{5{,}0\,\text{g} \cdot 1\,\text{mol} \cdot 46\,\text{g}\cdot\text{mol}^{-1}}{1\,\text{mol} \cdot 88\,\text{g}\cdot\text{mol}^{-1}}$

$\underline{\underline{m_1 = 2{,}61\,\text{g (gerundet)}}}$

Um 5,0 g des Esters zu bilden, sind 2,61 g Ethanol erforderlich.

Realschulabschluss 2005 Chemie (Sachsen)
Wahlaufgabe 4: Chemische Reaktionen mit Sauerstoff

BE

4.1 **Experimente:**

Stellen Sie Sauerstoff durch Erhitzen von Kaliumpermanganat dar und weisen Sie nach, dass Sauerstoff entstanden ist.

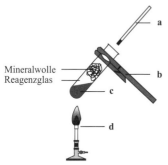

- Notieren Sie die Bezeichnungen für die mit a) bis d) gekennzeichneten Geräte und Chemikalien.
- Führen Sie das Experiment entsprechend der Skizze durch und notieren Sie Ihre Beobachtung.
- Welche Eigenschaft des Sauerstoffs wird für den Nachweis genutzt?   5

4.2 Verbrennungen sind chemische Reaktionen mit Sauerstoff, die nützlich oder schädlich sein können.
- Begründen Sie diese Aussage mit je einem Beispiel.
- Geben Sie drei Bedingungen für das Entstehen eines Feuers an.
- Erläutern Sie zwei Möglichkeiten ein Feuer zu löschen.   6

4.3 - Berechnen Sie die Masse von Kohlenstoff, die benötigt wird, um 2,0 g Kupfer-(II)-oxid zu reduzieren.

$$2\,CuO + C \longrightarrow 2\,Cu + CO_2$$

- Übernehmen Sie die Reaktionsgleichung in Ihre Arbeit, kennzeichnen Sie die Teilreaktion Oxidation und das Oxidationsmittel.   6

4.4 Metalle können auf unterschiedliche Weise mit Sauerstoff reagieren.
- Geben Sie eine energetische Erscheinung beim Verbrennen eines Magnesiumspans an.
- Entscheiden Sie, ob eine endotherme oder eine exotherme Reaktion vorliegt.
- Entwickeln Sie für die Verbrennung von Magnesium die Reaktionsgleichung.
- Beschreiben Sie die allmähliche Veränderung von Eisen an der Luft.
- Notieren Sie drei Möglichkeiten, Eisenteile vor diesen Veränderungen zu schützen.   8

25

Lösungen

4.1 – **Geräte und Chemikalien:**
  a) glimmender Holzspan b) Reagenzglashalter
  c) Kaliumpermanganat   d) Brenner
  – **Beobachtung:** Der glimmende Holzspan fängt wieder an zu brennen.
  – Sauerstoff fördert die Verbrennung.

4.2 – **nutzbringende Verbrennung:** Verbrennung von Erdgas, (z. B. Wohnung heizen)
  schädliche Verbrennung: Brandrodung von Regenwäldern, weil dabei viele Tier- und Pflanzenarten ihren Lebensraum verlieren
  – **Bedingungen:**
    • brennbarer Stoff
    • Sauerstoff
    • Entzündungstemperatur (Zündquelle)
  – **Möglichkeiten:**
    • Wasser als Löschmittel, weil Entzündungstemperatur erniedrigt wird
    • Schaum als Löschmittel, um Sauerstoff zu entziehen

4.3 **Berechnung:**

gesucht: m_1(Kohlenstoff) gegeben: $m_2 = 2{,}0$ g
$n_1 = 1$ mol $n_2 = 2$ mol
$M_1 = 12$ g·mol^{-1} $M_2 = 79{,}5$ g·mol^{-1}

Lösung: $\dfrac{m_1}{m_2} = \dfrac{n_1 \cdot M_1}{n_2 \cdot M_2}$

Umformen/Einsetzen:

$$m_1 = \frac{m_2 \cdot n_1 \cdot M_1}{n_2 \cdot M_2} = \frac{2{,}0\,\text{g} \cdot 1\,\text{mol} \cdot 12\,\text{g·mol}^{-1}}{2\,\text{mol} \cdot 79{,}5\,\text{g·mol}^{-1}}$$

$\underline{\underline{m_1 = 0{,}15\text{ g (gerundet)}}}$

Um 2 g Kupfer(II)-oxid zu reduzieren, benötigt man 0,15 g Kohlenstoff.

$C + 2\,CuO \longrightarrow CO_2 + 2\,Cu$

Kupfer(II)-oxid ist das Oxidationsmittel.

4.4 – Wärme- und Lichtentwicklung
  – exotherme Reaktion
  – **Reaktionsgleichung:** $2\,Mg + O_2 \longrightarrow 2\,MgO$
  – Durch Luftsauerstoff und Luftfeuchtigkeit beginnt Eisen allmählich zu rosten. Dabei überzieht es sich mit einer rotbraunen, wasserdurchlässigen, porösen Rostschicht.
  – Möglichkeiten: Farbanstriche, Kunststoffüberzüge, Feuerverzinken

Sicher durch alle Klassen!

Faktenwissen und praxisgerechte Übungen mit vollständigen Lösungen.

Mathematik

Mathematik 5. Klasse Bayern	Best.-Nr. 91410
Mathematik 8. Klasse Bayern	Best.-Nr. 91406
Funktionen 8.–10. Klasse Bayern	Best.-Nr. 91408
Lineare Gleichungssysteme	Best.-Nr. 900122
Bruchzahlen und Dezimalbrüche	Best.-Nr. 900061
Formelsammlung Mathematik Realschule 7.–10. Klasse Hessen	Best.-Nr. 61411
Kompakt-Wissen Algebra	Best.-Nr. 90016
Kompakt-Wissen Geometrie	Best.-Nr. 90026
Entwicklung mathematischer Fähigkeiten ab 4. Klasse, Teil 1: Algebra	Best.-Nr. 990403
Entwicklung mathematischer Fähigkeiten ab 4. Klasse, Teil 2: Geometrie	Best.-Nr. 990405
Übertritt in weiterführende Schulen 4. Klasse	Best.-Nr. 990404
Übertritt in weiterführende Schulen	Best.-Nr. 90002

Orientierungsarbeit Mathematik Realschulabschluss Sachsen

Orientierungsarbeit Mathematik
Klassenstufe 8
Realschulbildungsgang Sachsen .... Best.-Nr. 1415081

Betriebswirtschaftslehre/ Rechnungswesen

Training 9. Klasse Bayern	Best.-Nr. 91471
Training 9. Klasse Bayern – Lösungen	Best.-Nr. 91471L
Training 10. Klasse Bayern	Best.-Nr. 91472
Training 10. Klasse Bayern – Lösungen	Best.-Nr. 91472L

Deutsch

Rechtschreibung und Diktat 5./6. Klasse	Best.-Nr. 90408
Grammatik und Stil 5./6. Klasse	Best.-Nr. 50406
Aufsatz 5./6. Klasse	Best.-Nr. 90401
Grammatik und Stil 7./8. Klasse	Best.-Nr. 90407
Aufsatz 7./8. Klasse	Best.-Nr. 91442
Aufsatz 9./10. Klasse Realschule Baden-Württemberg	Best.-Nr. 81440
Deutsch 9./10. Klasse Journalistische Texte lesen, auswerten, schreiben	Best.-Nr. 81442
Deutsche Rechtschreibung 5.–10. Klasse	Best.-Nr. 90402
Text-Kompendien zum Kompetenzbereich „Verstehen und Nutzen von Texten"	
Band 1: „Der olympische Gedanke – und die Welt des Sports"	Best.-Nr. 81443
Band 2: „Demokratie leben heißt sich verantwortlich fühlen und sich einmischen"	Best.-Nr. 81444
Kompakt-Wissen Rechtschreibung	Best.-Nr. 944065
Lexikon zur Kinder- und Jugendliteratur	Best.-Nr. 93443

Englisch

Englisch Grundwissen 5. Klasse	Best.-Nr. 50505
Englisch – Hörverstehen 5. Klasse mit CD	Best.-Nr. 90512
Englisch – Rechtschreibung und Diktat 5. Klasse mit 3 CDs	Best.-Nr. 90531
Englisch – Leseverstehen 5. Klasse	Best.-Nr. 90526
Englisch – Wortschatzübung 5. Klasse mit CD	Best.-Nr. 90518
Englisch Grundwissen 6. Klasse	Best.-Nr. 90506
Englisch – Hörverstehen 6. Klasse mit CD	Best.-Nr. 90511
Englisch – Rechtschreibung und Diktat 6. Klasse mit CD	Best.-Nr. 90532
Englisch – Leseverstehen 6. Klasse	Best.-Nr. 90525
Englisch – Wortschatzübung 6. Klasse mit CD	Best.-Nr. 90519
Englisch Grundwissen 7. Klasse	Best.-Nr. 90507
Englisch – Hörverstehen 7. Klasse mit CD	Best.-Nr. 90513
Englisch Grundwissen 8. Klasse	Best.-Nr. 90508
Englisch – Leseverstehen 8. Klasse	Best.-Nr. 90522
Comprehension 1 / 8. Klasse	Best.-Nr. 91453
Englisch Grundwissen 9. Klasse	Best.-Nr. 90509
Englisch – Hörverstehen 9. Klasse mit CD	Best.-Nr. 90515
Englische Rechtschreibung 9./10. Klasse	Best.-Nr. 80453
Translation Practice 1 / ab 9. Klasse	Best.-Nr. 80451
Comprehension 2 / 9. Klasse	Best.-Nr. 91452
Textproduktion 9./10. Klasse	Best.-Nr. 90541
Englisch Grundwissen 10. Klasse	Best.-Nr. 90510
Englisch – Hörverstehen 10. Klasse mit CD	Best.-Nr. 91457
Englisch – Leseverstehen 10. Klasse	Best.-Nr. 90521
Translation Practice 2 / ab 10. Klasse	Best.-Nr. 80452
Comprehension 3 / 10. Klasse	Best.-Nr. 91454
Systematische Vokabelsammlung	Best.-Nr. 91455

Französisch

Französisch – Sprechsituationen und Dolmetschen mit 2 CDs	Best.-Nr. 91461
Rechtschreibung und Diktat 1./2. Lernjahr mit 2 CDs	Best.-Nr. 905501
Französisch – Wortschatzübung Mittelstufe	Best.-Nr. 94510

Ratgeber für Schüler

Richtig Lernen Tipps und Lernstrategien – Unterstufe	Best.-Nr. 10481
Richtig Lernen Tipps und Lernstrategien – Mittelstufe	Best.-Nr. 10482

(Bitte blättern Sie um)

Abschluss-Prüfungsaufgaben

Von den Kultusministerien in Brandenburg, Mecklenburg-Vorpommern, Sachsen, Sachsen-Anhalt und Thüringen zentral gestellte Prüfungsaufgaben für den Realschulabschluss/Fachoberschulreife. Für Berlin schülergerechtes Trainingsmaterial zur Vorbereitung auf den Mittleren Schulabschluss. Mit vollständigen, schülergerechten Lösungen.

Abschluss-Prüfungsaufgaben Brandenburg

Prüfung am Ende der Jahrgangsstufe 10
Mathematik – Brandenburg
Fachoberschulreife .... Best.-Nr. 121500
Prüfung am Ende der Jahrgangsstufe 10
Deutsch – Brandenburg
Fachoberschulreife .... Best.-Nr. 121540
Mittlerer Schulabschluss/Sek. I
Brandenburg
Mündliche Prüfung Englisch .... Best.-Nr. 121550

Abschluss-Prüfungsaufgaben Mecklenburg-Vorpommern

Realschulabschluss Mathematik
Mecklenburg-Vorpommern .... Best.-Nr. 131500
Realschulabschluss Deutsch
Mecklenburg-Vorpommern .... Best.-Nr. 131540
Realschulabschluss Englisch
Mecklenburg-Vorpommern .... Best.-Nr. 131550

Abschluss-Prüfungsaufgaben Sachsen

Realschulabschluss Mathematik
Mittelschule Sachsen .... Best.-Nr. 141500
Realschulabschluss Physik
Mittelschule Sachsen .... Best.-Nr. 141530
Realschulabschluss Biologie
Mittelschule Sachsen .... Best.-Nr. 141570
Realschulabschluss Chemie
Mittelschule Sachsen .... Best.-Nr. 141573
Realschulabschluss Geografie
Mündliche Prüfung
Mittelschule Sachsen .... Best.-Nr. 141590
Realschulabschluss Deutsch
Mittelschule Sachsen .... Best.-Nr. 141540
Realschulabschluss Englisch
Mittelschule Sachsen .... Best.-Nr. 141550

Abschluss-Prüfungsaufgaben Sachsen-Anhalt

Realschulabschluss Mathematik
Sekundarschule Sachsen-Anhalt ...... Best.-Nr. 151500
Realschulabschluss Deutsch
Sekundarschule Sachsen-Anhalt ...... Best.-Nr. 151540
Training Abschlussprüfung
Realschulabschluss Englisch
Sekundarschule Sachsen-Anhalt ...... Best.-Nr. 151550

Abschluss-Prüfungsaufgaben Thüringen

Realschulabschluss Mathematik
Regelschule Thüringen .... Best.-Nr. 161500
Realschulabschluss Deutsch
Regelschule Thüringen .... Best.-Nr. 161540
Realschulabschluss Englisch
Regelschule Thüringen .... Best.-Nr. 161550

Training Abschlussprüfung Berlin

Training Abschlussprüfung
Mittlerer Schulabschluss
Mathematik – Berlin .... Best.-Nr. 111500
Training Abschlussprüfung
Mittlerer Schulabschluss
Deutsch – Berlin .... Best.-Nr. 111540
Training Abschlussprüfung
Mittlerer Schulabschluss
Englisch mit CD – Berlin .... Best.-Nr. 111550

Natürlich führen wir noch mehr Titel für alle Schularten. Wir informieren Sie gerne!

Telefon: 0 81 61 / 179-0   **Internet: www.stark-verlag.de**
Telefax: 0 81 61 / 179-51   **E-Mail: info@stark-verlag.de**

Bestellungen bitte direkt an:
STARK Verlagsgesellschaft mbH & Co. KG · Postfach 1852 · 85318 Freising

STARK